차례

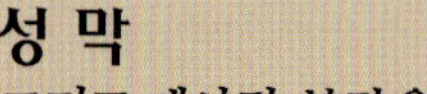

성 막

그리고 제사장 복장을 한 제사장의 모습

성막은 하늘에 있는 하나님의 보좌의 식양을 따라 하나님을 위하여 지어진 성소(聖所)로, 하나님께서 친히 자기 백성 가운데 거하시기 위하여 선택하신 장소입니다. 이것은 하나님께서 모세를 통하여 그 백성을 애굽 땅에서 구해 내신 때로부터, 그들이 가나안 땅에 정착할 때까지 이스라엘 민족의 구심점이었습니다. 이 선택받은 백성은 400년 이상 이 성막에서 하나님을 예배했습니다. 그러나 그들은 언약궤 위의 시은좌에 임하시는 하나님의 영광스러운 임재로부터 분리되어 휘장 너머 멀리 떨어져 하나님을 예배하곤 했습니다. 그 안에는 제사장 복장을 한 대제사장이 들어갈 수 있었는데, 그것도 일 년에 단 한 번 속죄일에만 들어갔습니다.

솔로몬 성전

다윗 왕은 자기가 예루살렘의 백향목 궁전에 살고 있는 반면에 여호와의 언약궤는 휘장으로 가려진 채 성막 안에 놓여 있다는 사실이 가슴 아팠습니다. 그러나 다윗은 전쟁의 사람이었으므로, 하나님은 평화의 사람이었던 다윗의 아들인 솔로몬에게 성전을 건축하는 특권을 부여하셨습니다.

솔로몬이 지은 성전의 웅장함은 오직 하나님의 영광이 하나님의 성전을 채울 때만 그 빛을 잃게 될 정도로 찬란했습니다. 하나님의 임재하심이 에스겔 선지자의 시대까지 약 350여년 동안 이 성전에 머물러 있었습니다. 그런 다음 유다 백성의 죄와 임박한 하나님의 심판으로 인하여, 여호와의 영광이 그곳을 떠났습니다.

이 성전은 B.C. 586년에 바벨론에 의하여 파괴되고 폐허로 남았습니다.

헤롯 성전

예수님 당시의 초막절에

이스라엘의 남은 자들이 바벨론 포로 생활을 마치고 돌아왔을 때, 그들 앞에 놓인 성전 재건 과업은 너무 엄청났습니다. 이 대역사는 B.C. 536년에 시작되었지만 2년 후 중단되었습니다. 그들은 하나님의 전을 재건하는 일보다 자신들의 집을 재건하는 일이 더 쉽다고 생각했습니다. 그때 하나님께서는 학개 선지자를 통해 말씀하셨습니다. 마음에 찔림을 받아 백성이 성전을 완성했습니다. 스룹바벨의 영도 아래 지어진 이 성전이 비록 솔로몬 성전과는 비교할 수 없었고, 또한 하나님께서 자신의 영광으로 이 성전을 채우시지 않았지만, 하나님께서는 그 백성의 순종을 귀히 여기셨습니다.

헤롯이 유다의 분봉왕이 되었을 때, 그는 이 두 번째 성전을 솔로몬 성전보다 더 장대하게 건축하기를 열망했습니다. 그러나 요셉과 그의 아내 마리아가 아들을 하나님께 바치기 위해 그 아들 예수를 그곳에 데려오기까지 그 웅장하게 지어진 성전에는 하나님의 영광이 없었습니다. 예수 그리스도의 인격 안에 있는 하나님의 영광(요한복음 1:14)은 헤롯 성전에 자주 나타나셨으나 마침내 예수님께서 성전에서 마지막으로 나오신 후 성전은 황폐하게 되어 버렸습니다. 예수님께서 십자가에 못 박히시던 날, 성전의 휘장이 두 조각으로 찢어졌습니다. 새 언약이 시작되었기 때문입니다.

A.D. 70년 헤롯 성전은 로마의 티투스 장군에 의해 예수님께서 예언하신 대로 파괴되었습니다.

STEIN '92

성전산

두 번째 성전시대

1. 두 번째 성전(헤롯 성전)
2. 서쪽 벽
3. 윌슨 아치*
4. 바클레이 문*
5. 작은 상점들
6. 남북간 주요 도로
7. 로빈슨 아치*
8. 윗성
9. 왕궁 포치
10. 벽기둥
11. 이중문
12. 삼중문
13. 광장
14. 종교 의식의 목욕탕
15. 법정(공회당)
16. 헤롯 망대
17. 가장 큰 각석
18. 안토니아 요새
19. 워런 문*
20. 이방인의 뜰
21. 동문

** 19세기 탐험가들의 이름이 붙여졌다.*

주: 헤롯 성전의 평면도(본서 p.18)를 참조하라.

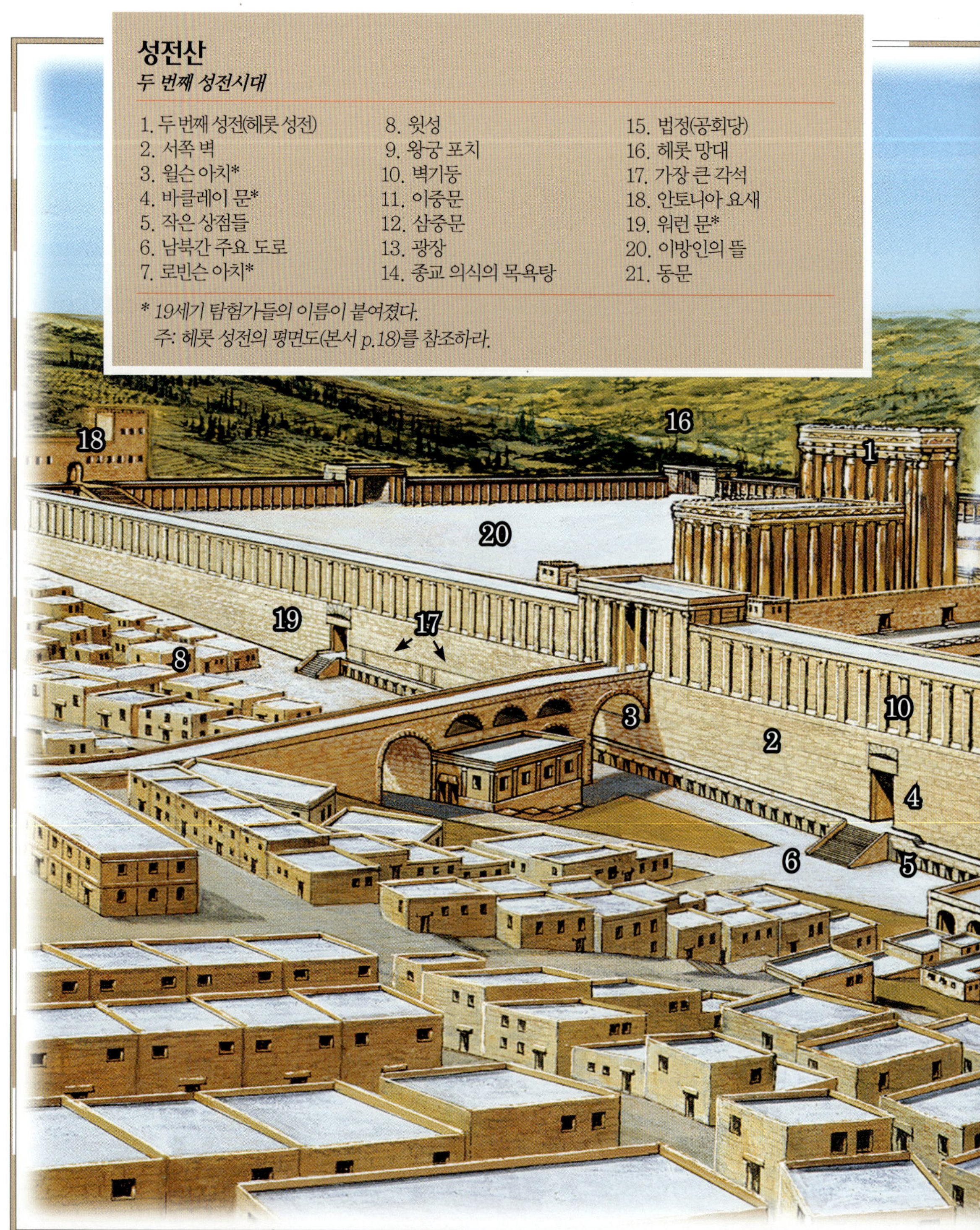

21
9
20
12
11
15
14
7
13

이스라엘의 역사 – 아담에서 솔로몬까지

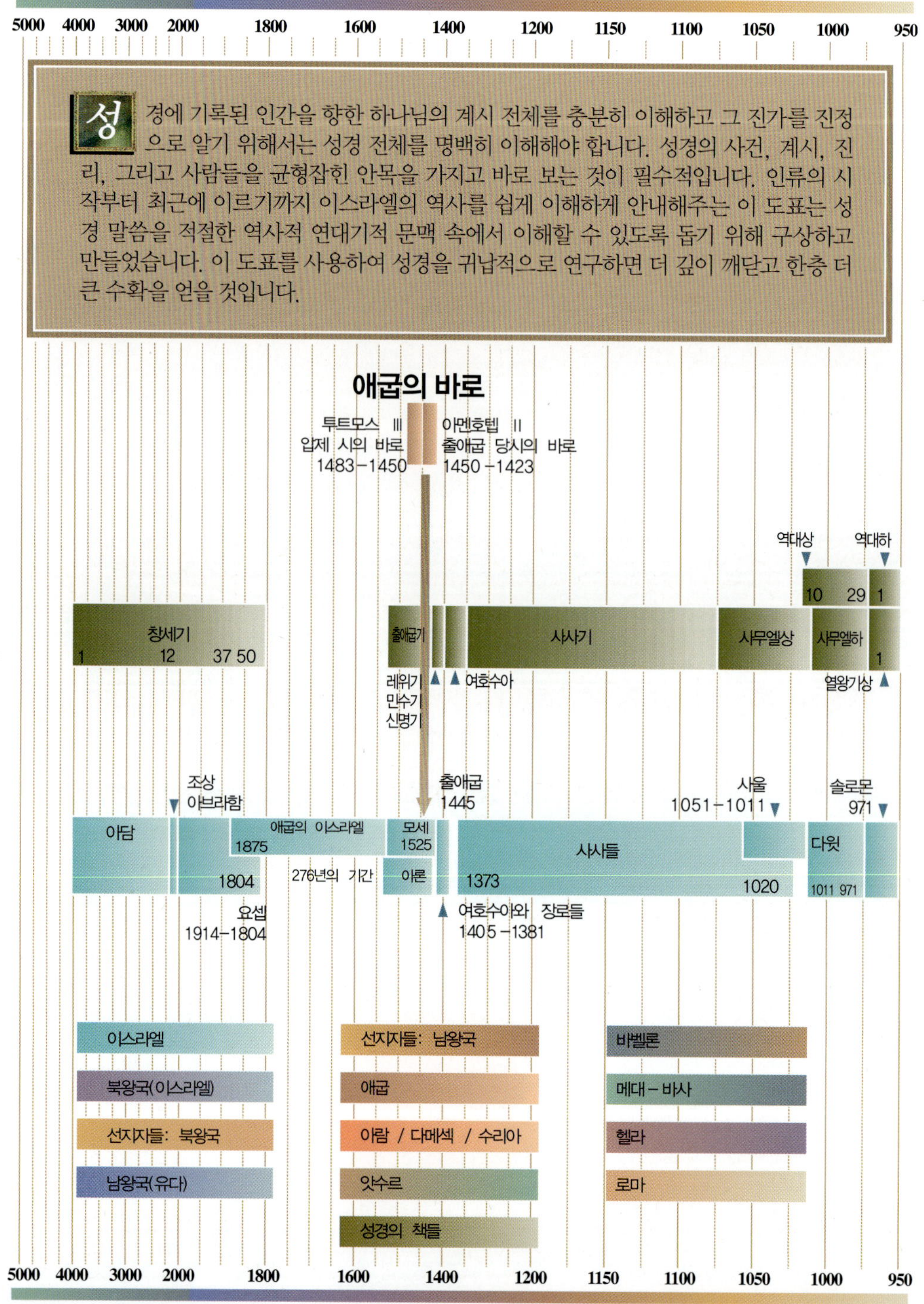

성경에 기록된 인간을 향한 하나님의 계시 전체를 충분히 이해하고 그 진가를 진정으로 알기 위해서는 성경 전체를 명백히 이해해야 합니다. 성경의 사건, 계시, 진리, 그리고 사람들을 균형잡힌 안목을 가지고 바로 보는 것이 필수적입니다. 인류의 시작부터 최근에 이르기까지 이스라엘의 역사를 쉽게 이해하게 안내해주는 이 도표는 성경 말씀을 적절한 역사적 연대기적 문맥 속에서 이해할 수 있도록 돕기 위해 구상하고 만들었습니다. 이 도표를 사용하여 성경을 귀납적으로 연구하면 더 깊이 깨닫고 한층 더 큰 수확을 얻을 것입니다.

이스라엘의 역사 – 분열왕국

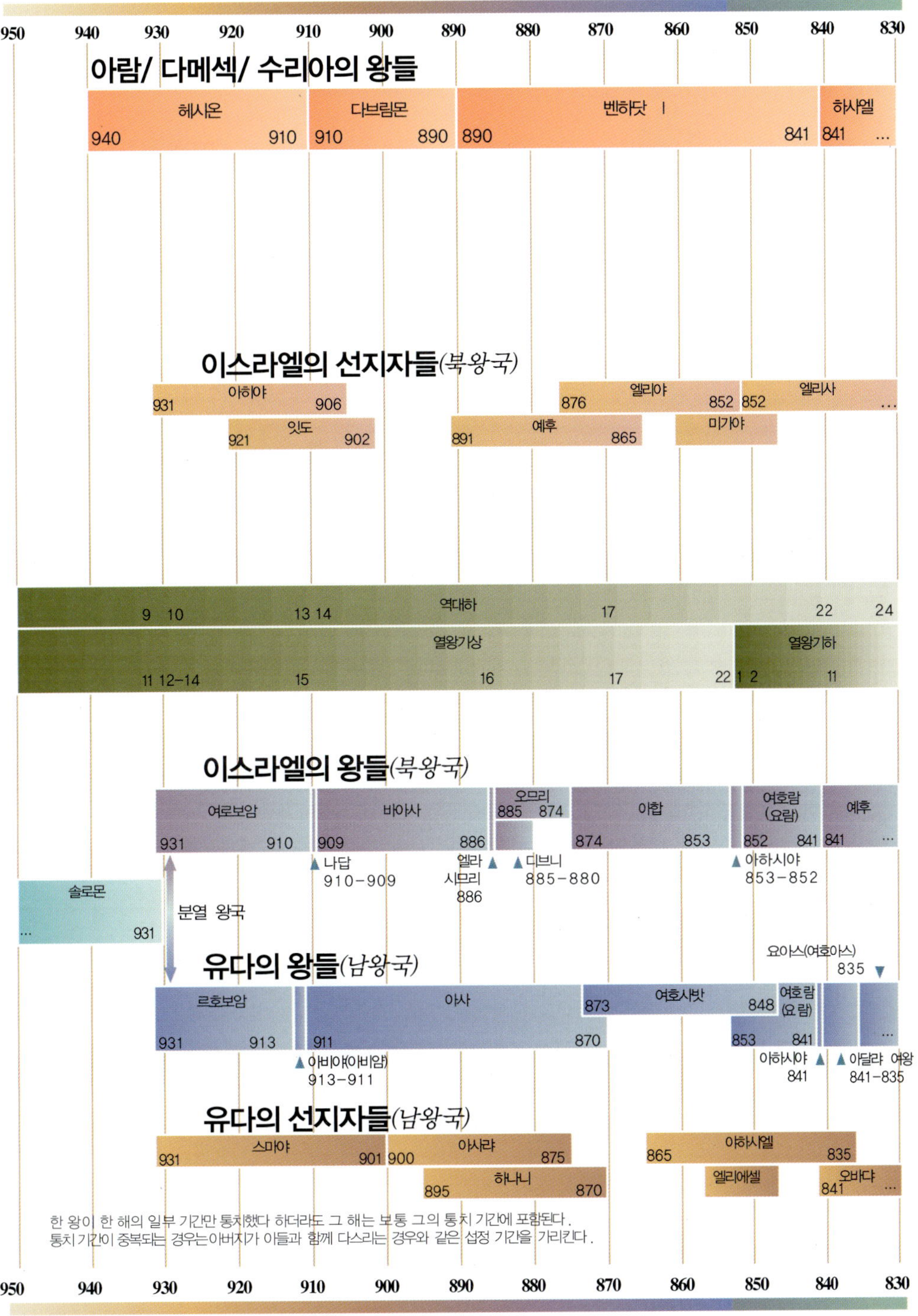

한 왕이 한 해의 일부 기간만 통치했다 하더라도 그 해는 보통 그의 통치 기간에 포함된다.
통치 기간이 중복되는 경우는 아버지가 아들과 함께 다스리는 경우와 같은 섭정 기간을 가리킨다.

이스라엘의 역사 – 앗수르에 사로잡힘

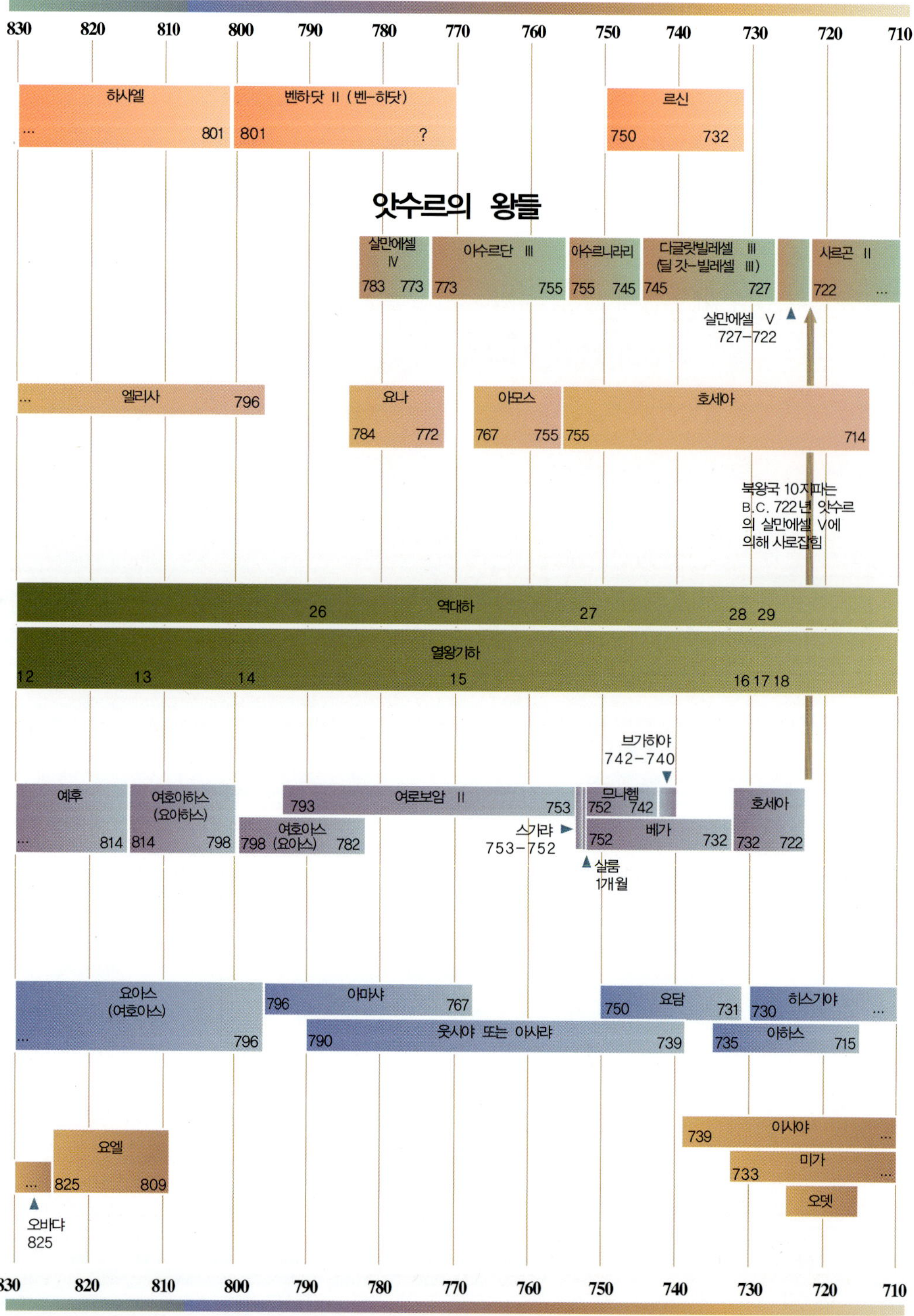

이스라엘의 역사 – 바벨론 유수

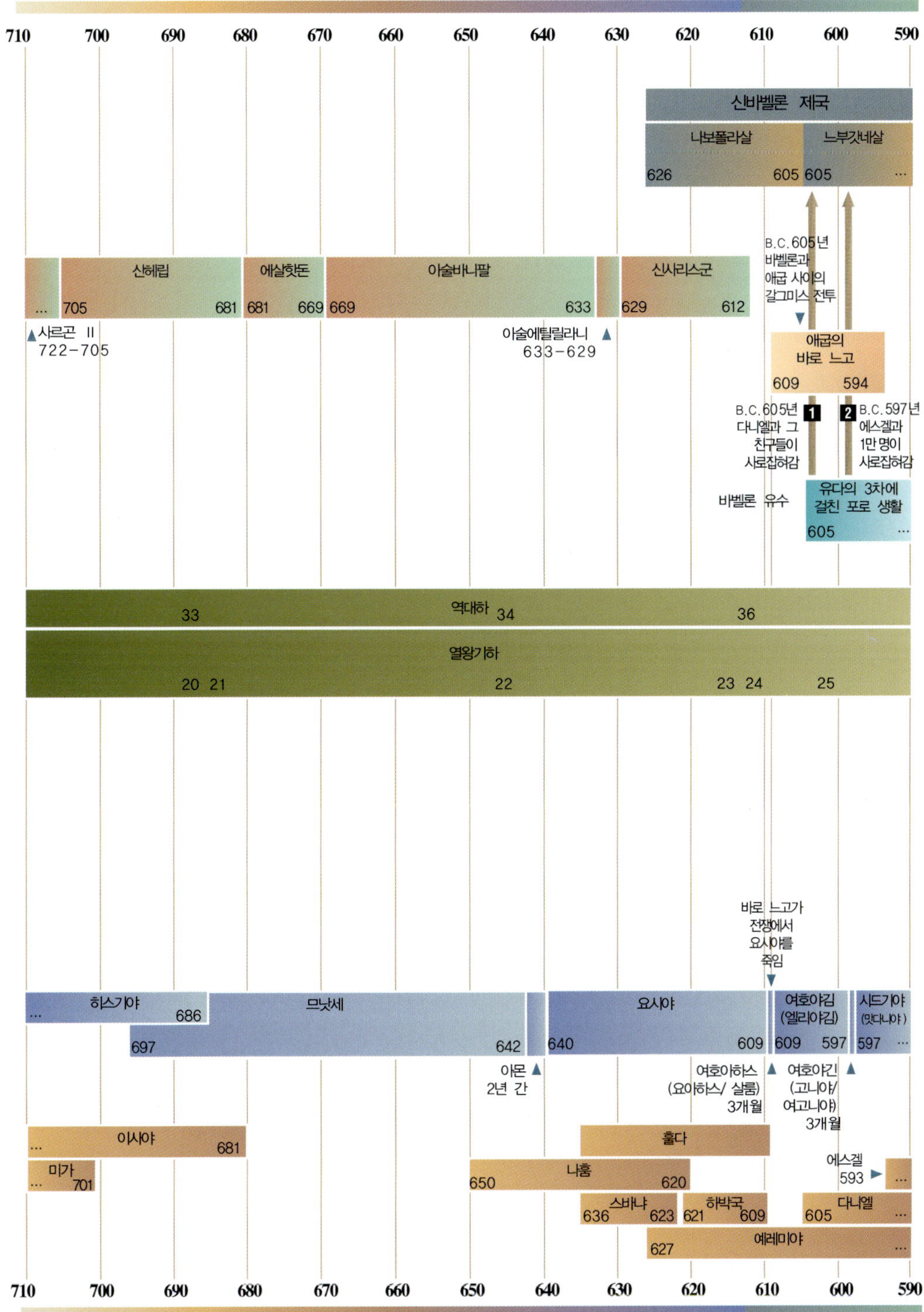

이스라엘의 역사 – 성전 재건

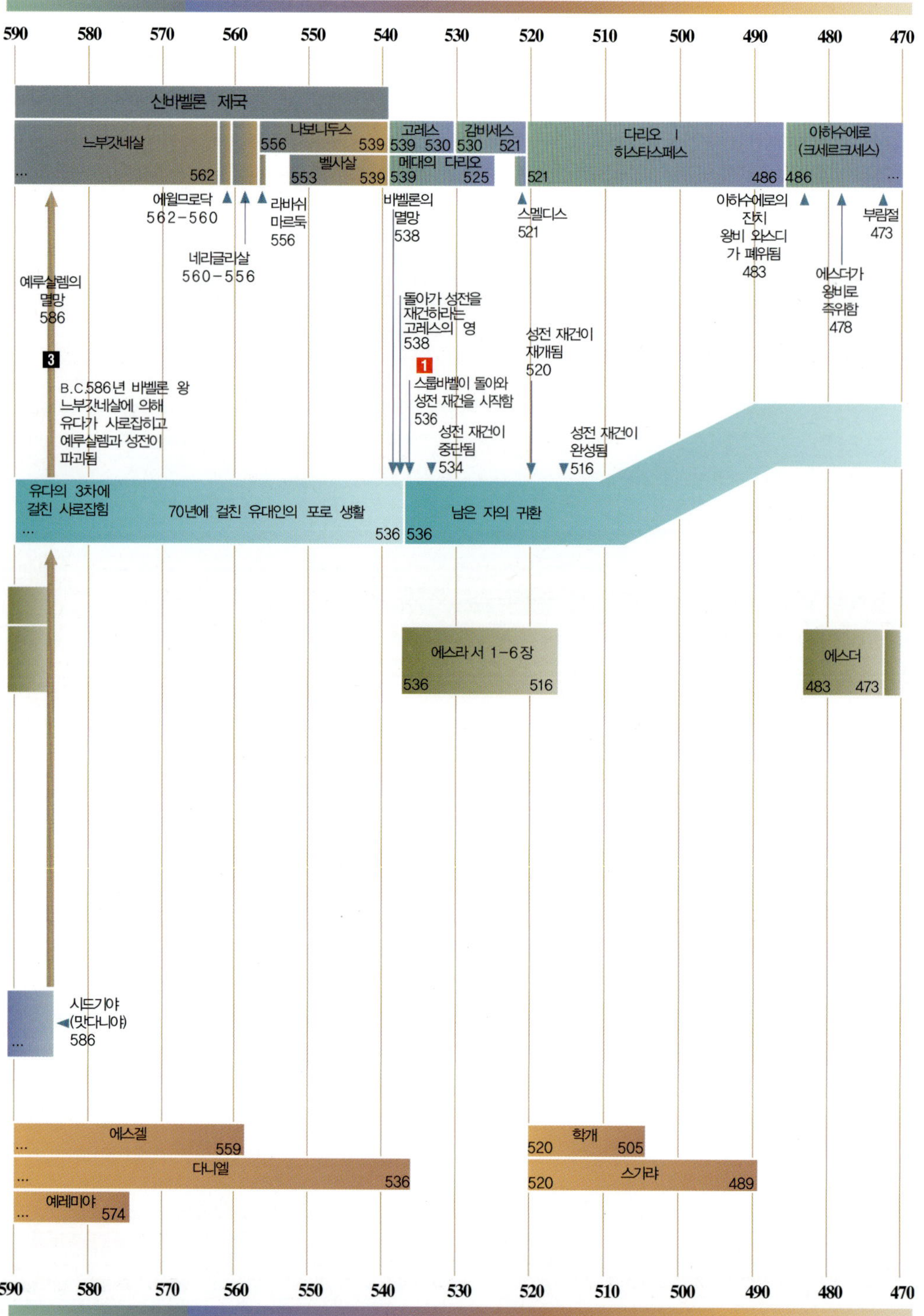

이스라엘의 역사 – 헬라와 로마시대

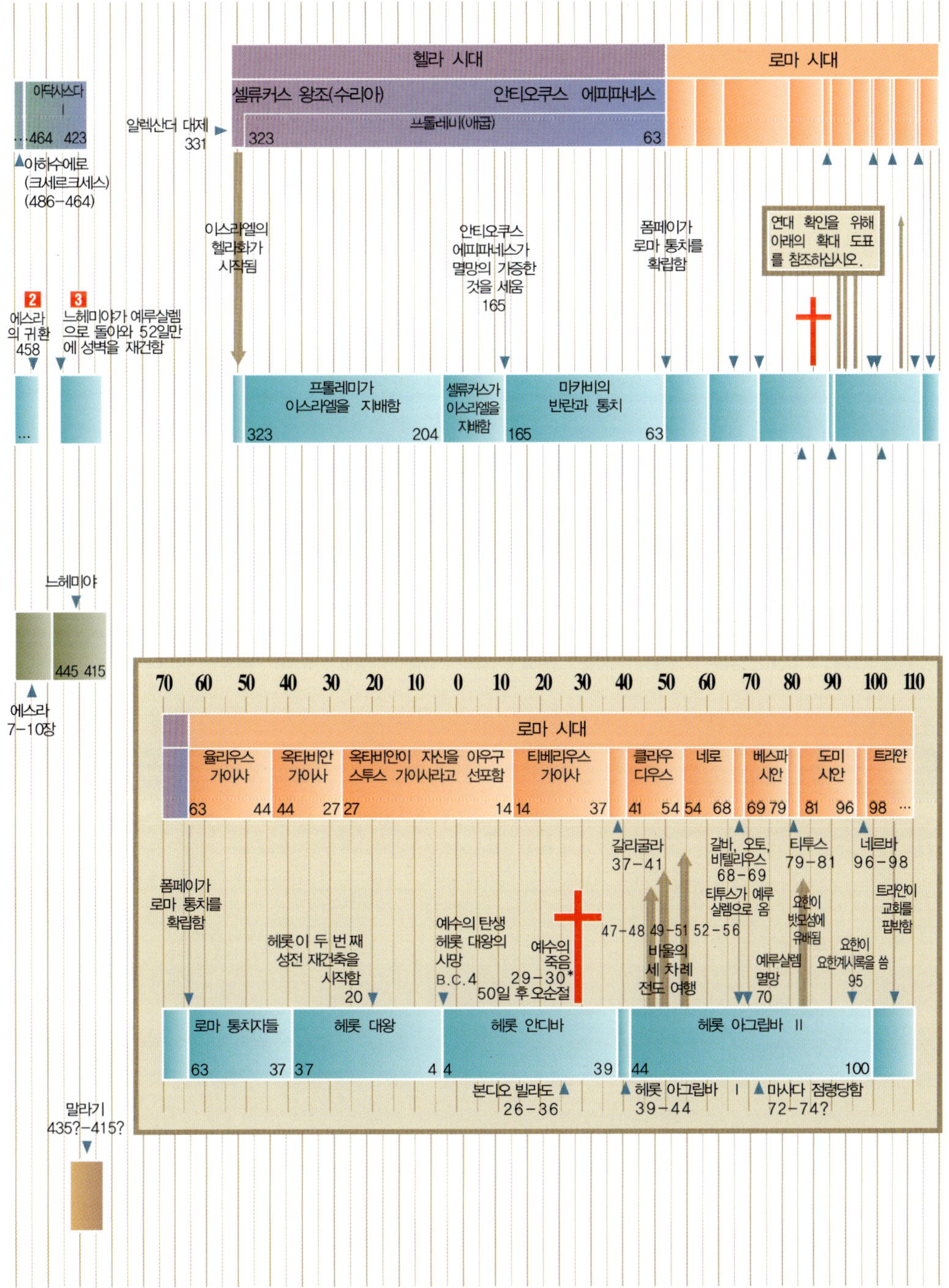

이스라엘의 역사 – A.D. 110년부터 현대까지

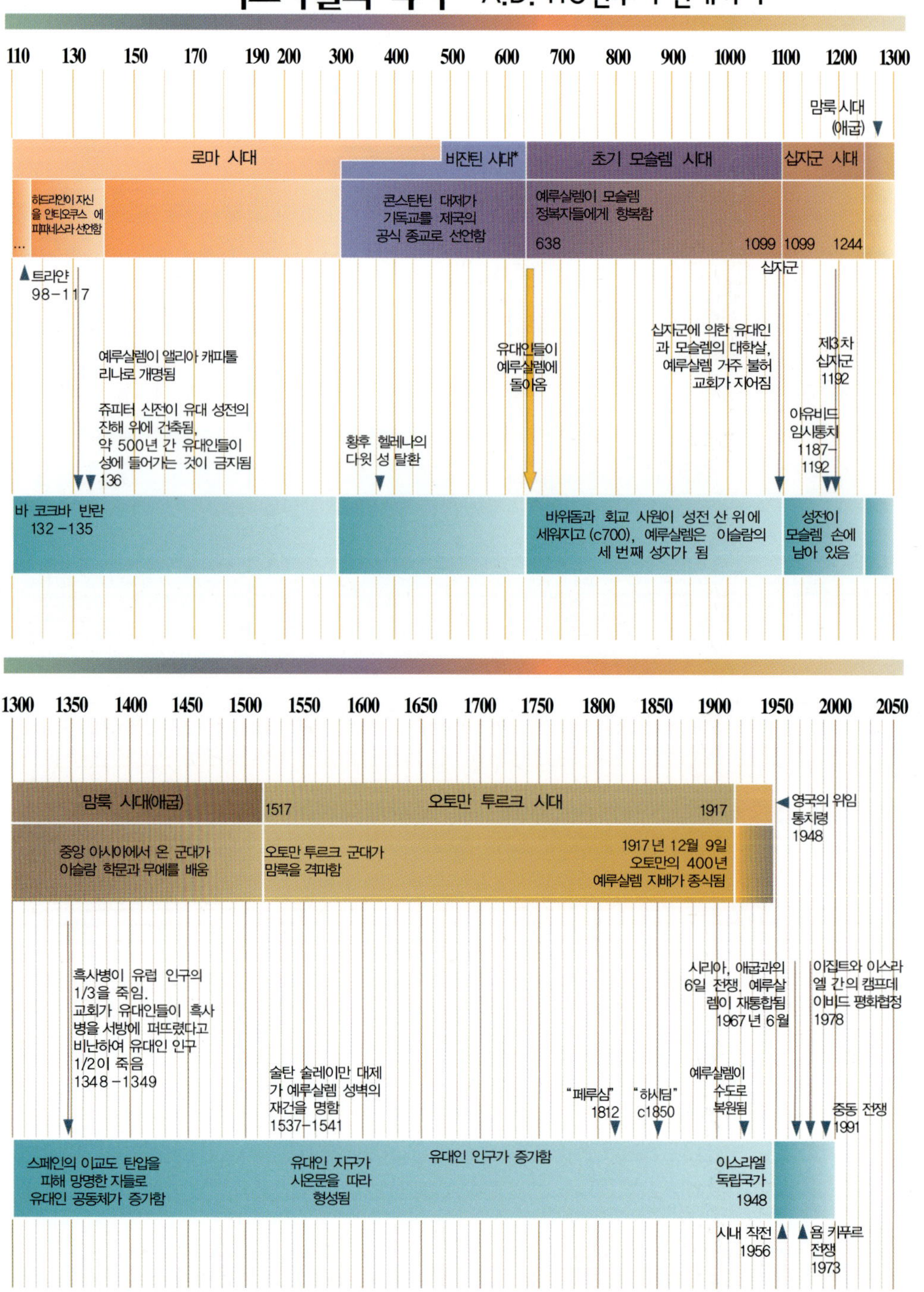

* 비잔틴 시대의 연대는 예루살렘의 역사 박물관인 **다윗의 망대**(The Tower of David)의 자료를 기초로 한 것이다.

예수 그리스도의 세계(世系)

예수 그리스도는 마리아와 요셉의 가계(家系)를 통해 다윗의 왕좌에 오르시다

아담으로부터 아브라함까지의 족보는 누가복음 3:34–38을 보라

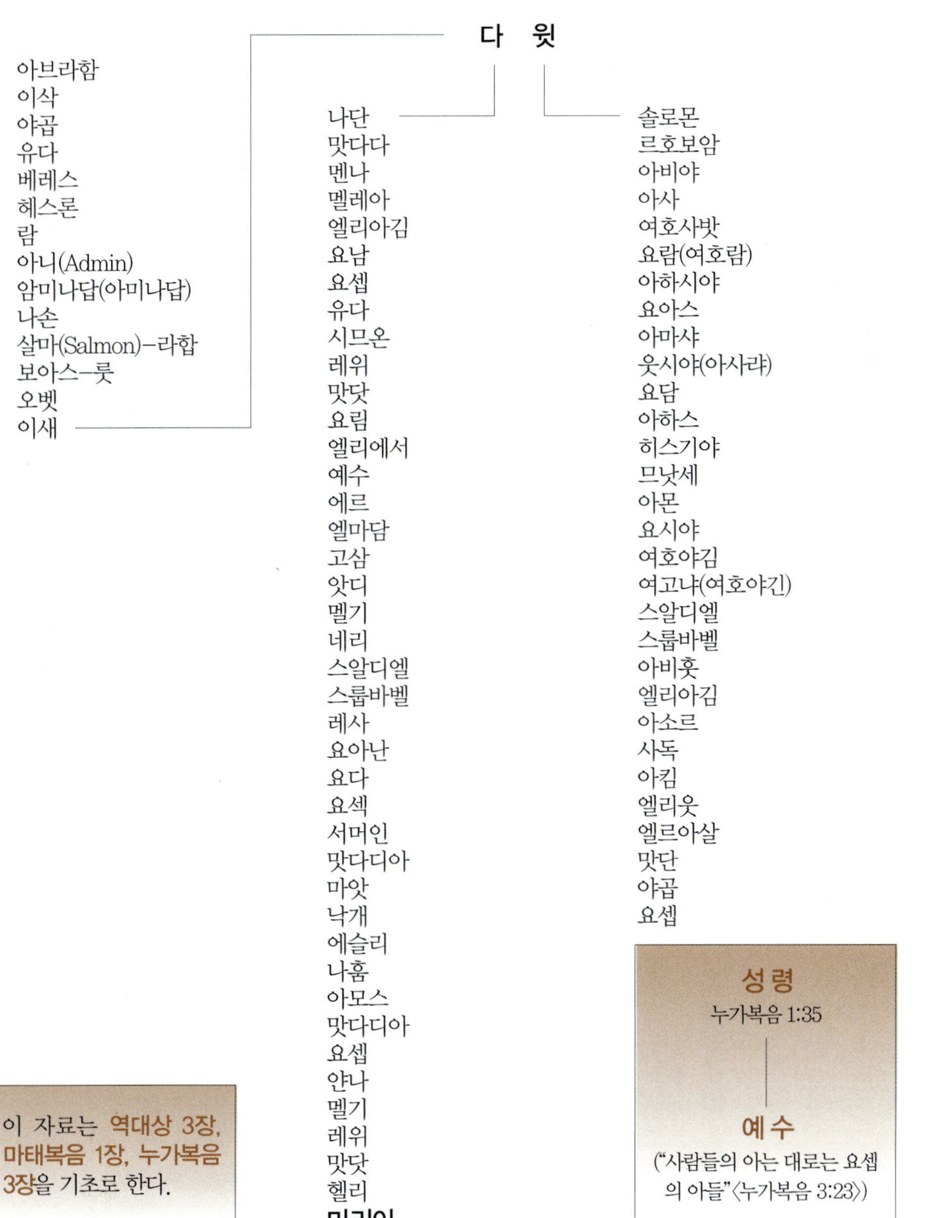

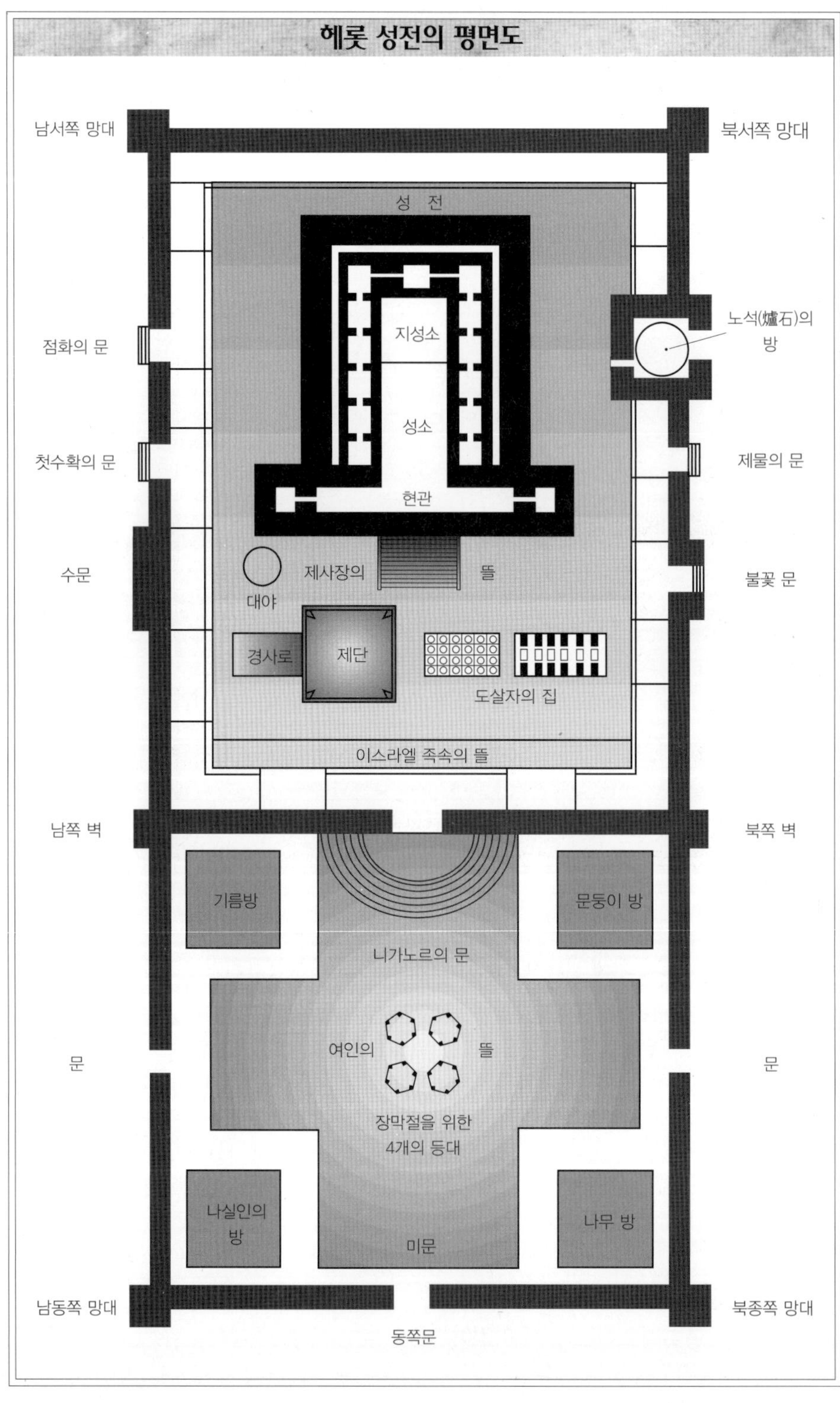
헤롯 성전의 평면도
남서쪽 망대
북서쪽 망대
성 전
지성소
성소
현관
노석(爐石)의 방
점화의 문
첫수확의 문
제물의 문
수문
불꽃 문
제사장의
뜰
대야
경사로
제단
도살자의 집
이스라엘 족속의 뜰
남쪽 벽
북쪽 벽
기름방
문둥이 방
니가노르의 문
여인의
뜰
문
문
장막절을 위한
4개의 등대
나실인의 방
나무 방
미문
남동쪽 망대
북종쪽 망대
동쪽문

오순절에 각국에서 모여든 사람들

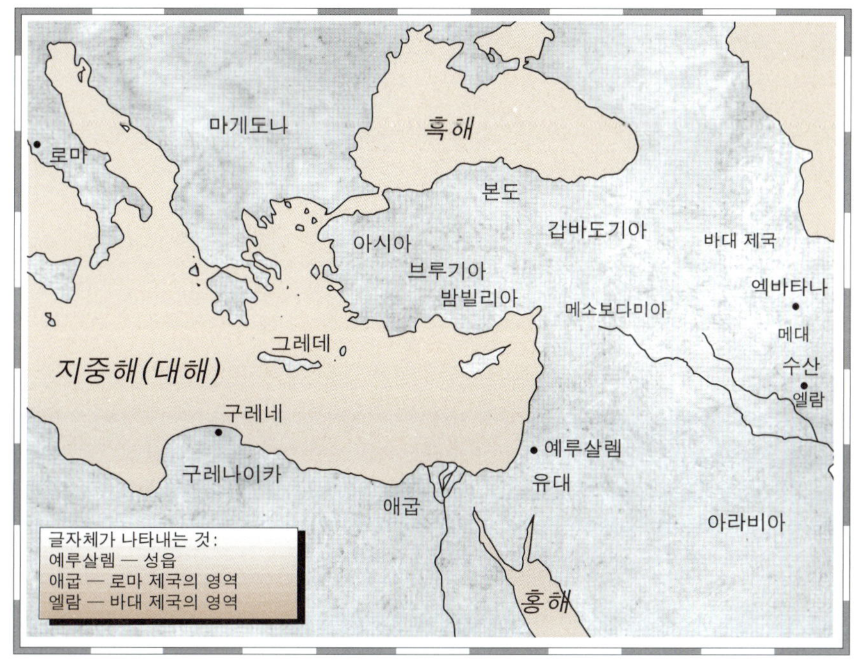

신약시대의 예루살렘

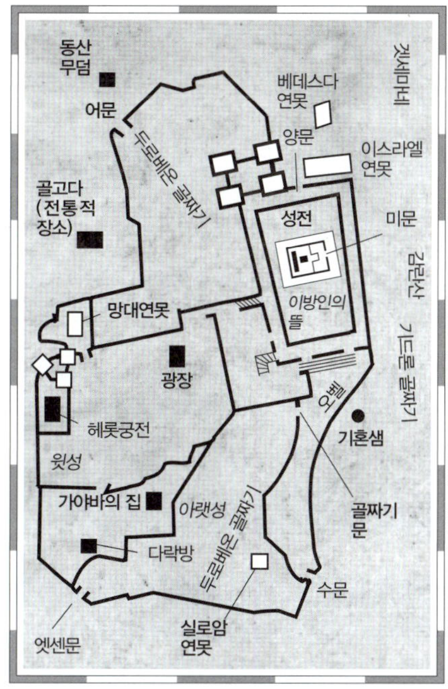

서문

본 교재는 신앙생활을 하는 성도들에게 있어서 가장 중요한 하나님의 말씀을 체계적으로 공부할 수 있도록 고안된 것으로, 12주에 걸쳐 신약 전체를 살펴봄으로써 성경의 전체적인 맥을 잡을 수 있도록 하였습니다. 그러므로 개교회의 직분자 훈련이나 제자 양육 훈련 과정 등 여러 프로그램에 적합한 교재로 사용하실 수 있습니다.

프리셉트성경연구원은 성경 각 권을 연구하는 귀납적 말씀연구 전문기관으로 성경 66권에 대한 귀납적 방법의 책들을 개발하고 훈련시켜 왔습니다. 하나님의 말씀을 연구함에 있어서 각 권을 세밀하게 살펴보는 데에는 귀납적 방법만큼 좋은 방법이 없습니다. 그러나 성도들의 신앙생활을 위해서 성경 전체를 볼 수 있는 연역적 방법의 교재 또한 말씀을 배워가는 데 유익하다는 판단 하에『프리셉트 신약 개관』을 발간하게 되었습니다.
프리셉트성경연구원은 계속해서 귀납적 성경연구 방법을 고수해 나갈 것이며, 이와 동시에 성도들의 유익을 위해서 연역적인 방법 또한 병행해 나갈 것입니다.

본 교재는 교회 성도들의 제자 양육과 말씀 공부를 위해서 지교회와 연구원이 협력하여 만들었습니다. 본 교재는 만나교회 김병삼 목사가 주축이 되어 개발하였고, 특별히 본 연구원에서는 조기현 편집위원과 김정일 편집장 등이 편찬 및 교열에 심혈을 기울였습니다. 이 모든 헌신에 심심한 감사를 표합니다. 본 교재는 '주교재'와 '인도자용'으로 구분되어 있으며, 인도자 훈련 및 교육은 프리셉트성경연구원에서 진행하고 있습니다. 주교재의 내용이 인도자용과 약간 상이한 부분에 대해서는 인도자용 자료를 우선적으로 존중해 주시기를 바랍니다. 참고로, 인도자들은 각 과의 학습 내용을 먼저 숙지하시고 교안을 작성하여 강의를 진행합니다. 각 과마다 분량의 차이가 있으므로 시간 배정에 유의하시고 성도들이 직접 참여할 수 있도록 유도해야 합니다.

본 교재가 한국 교회를 돕고 성도들의 말씀 훈련을 통하여 영적인 혜안을 열어주게 되길 바랍니다.

프리셉트성경연구원
원장 김경섭 목사

제 1 과 신약의 배경

【 역사적 배경 】

"때가 찼고 하나님의 나라가 가까이 왔으니 회개하고 복음을 믿으라"(막 1:15)

배워봅시다

1. 구약시대 이후 침묵의 400년은 ( )을 준비하는 시기였습니다.

신약의 시대적 배경은 매우 흥미롭습니다. 구약 성경의 마지막 책인 말라기가 B.C. 400여 년에 끝나고 신약의 시작은 예수님의 탄생으로부터 시작되므로 구약과 신약 사이에는 약 400년이라는 긴 공백 기간이 존재합니다. 우리는 이 시기를 가리켜 '신 · 구약 중간기'라고 부르는데, 이 때에 어떤 일들이 있었는지에 대해서는 어느 누구도 기록으로 남기지 않았습니다. 그래서 이 기간을 '침묵의 시간'이라고 부르기도 합니다. 그러나 이 기간이 단순한 침묵의 시간만은 아니었습니다. 정치 · 사회 · 문화적으로 매우 심한 변화를 겪으며, '그리스도의 오심'이라는 새로운 시대를 열기 위해 준비하는 변화의 시간이었습니다.

· 팔레스타인 – ( ) · ( ) 요충지

우리는 지도를 통해 팔레스타인이 아시아, 아프리카, 유럽의 세 대륙을 연결하는 곳에 위치하고 있음을 알 수 있습니다. 이와 같은 사실은 어느 한 쪽에서 다른 한쪽으로 조금이라도 자신의 세력을 확장하기 위해서는 반드시 이 지역을 거쳐야만 했다는 것을 의미합니다. 이러한 지리적 특성으로 인해 이스라엘과 유다 왕국이 멸망한 이후 강대국들은 힘이 있을 때마다 이 지역을 차지하기 위해 쳐들어왔고, 그 결과 이 지역의 지배자는 수시로 바뀌게 되었습니다.

B.C. 331년 마케도니아의 알렉산더 대왕(그리스)이 이집트 원정에 나서면서 팔레스타인과 그 주변을 정복하였고, 이후 톨레미 왕조(이집트)가 이 지역을 차지하였으며, B.C. 198년에는 셀류커스 왕조(시리아)가 이 지역의 새로운 주인이 되었습니다.

· 깊어만 가는 ( )

그러나 셀류커스 왕조의 안티오쿠스 4세의 억압과 폭정, 유대 땅의 이방화에 대한 불만은 대중적인 반란으로 이어졌습니다. 이를 가리켜 우리는 '마카비 반란'이라 하는데, 이 반란은 성공을 거두어 하스모니아 왕조를 형성하였고 강대국 사이에서 약 100년 정도 독립을 지킬 수 있었습니다. 그러나 결국 이스라엘은 B.C. 63년에 로마의 장군 폼페이에 의해 예루살렘을 정복당하게 됩니다. 이후 율리우스 시저가 그 자리를 차지하였고, 그 당시 아버지 헤롯 안티파터의 정치력에 힘입어 헤롯(아기 예수님 탄생 당시의 헤롯)은 유대 북부 갈릴리의 총독이 되었습니다.

유대인들에게 있어서 로마의 통치는 매우 큰 고통이었습니다. 때문에 이스라엘에서는 다양한 종말론과 함께 메시야 사상이 더욱 팽배해져 있었습니다. 결국 구약 성경에 뿌리를 둔 이 메시야 사상은 뿌리 깊은 지지 기반을 구축하며 유대 본토뿐만 아니라 사방으로 흩어진 유대 디아스포라들에게까지 확산되는 양상을 보이게 되었습니다.

400년이라는 기간 동안 너무나도 많은 일들이 복잡하게 일어난 듯 하지만, 하나씩 차례대로 살펴보면 그 속에 숨어 있는 하나님의 뜻을 발견할 수 있습니다.

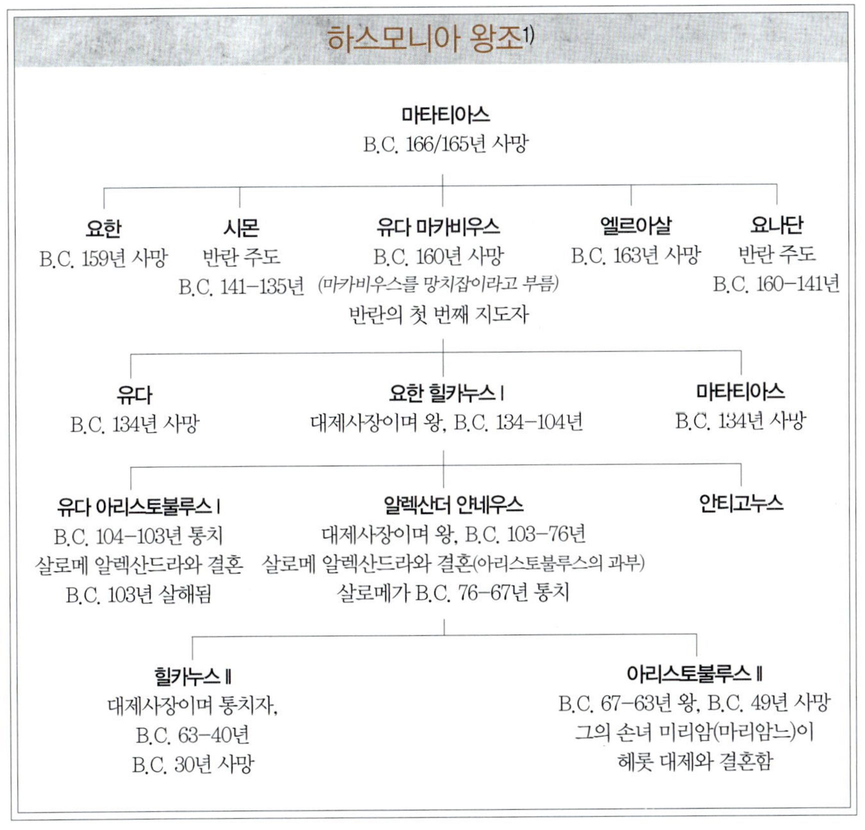

1) 「프리셉트성경」(서울: 프리셉트, 1999), 성경연구 보조자료, p.9.

2. 이 400년은 (   )과 (   )의 시대를 열게 되는 서구 역사상 가장 커다란 격동의 시기 중 하나였습니다.

B.C. 336년에 마케도니아의 왕이 된 알렉산더는 곳곳의 전쟁에서 승승장구하며 영토를 넓혀 갔습니다. 그는 기세를 몰아 팔레스타인을 정복하고 이집트를 손에 넣으며 대제국을 건설하였습니다. 이것은 매우 중요한 사건이었습니다. 왜냐하면 팔레스타인과 이집트 지역에 헬라 문화를 심는 중요한 계기가 되었기 때문입니다. 여러 국가와 민족의 다양한 문화가 헬라 문화와 만나 또다른 정신 세계가 열렸고, 헬라어가 만국 공용어로 사용되면서 각각의 독특한 개념들을 서로 이해하는 계기가 되었습니다.

70인역 성경(LXX)

알렉산더 제국 시대에 70인역이라는 성경이 태어나게 된다. 알렉산더가 죽고 톨레미 왕조가 이 지역을 차지한 뒤, 이 왕조의 두 번째 통치자가 된 톨레미 2세는 적극적인 헬라 문화의 후원자였다. 그는 알렉산드리아에 있는 히브리어로 된 율법을 헬라어로 번역하도록 명령하였다. 마침내 이스라엘 12지파에서 선발된 유대인 학자 70명이 이 일에 참여하게 되어 히브리어로 된 구약 성경의 헬라어 번역본인 70인역이 탄생하게 되었다.

이 70인역의 탄생은 중요한 의미를 지닌다. 우선은 그동안 히브리어로만 되어있어 유대인들만이 가지고 있었던 여러 진리들, 즉 창조 · 원죄 · 구원 등과 같은 진리들이 헬라어라는 새로운 도구를 통해 헬라어를 사용하는 전 세계 사람들에게 소개된 것이다.

결국 이 70인역의 등장은 히브리 사상을 헬라어와 헬라 문화라는 커다란 수레에 실어 전 세계에 퍼뜨리게 되었고, 그동안 유대인들만의 하나님으로 보여졌던 하나님이 온 인류의 하나님으로 드러나게 된 계기가 되었다.

· (   ) – 히브리 사상과 문화 선발대

중국 연변에 가면 1900년대를 전후로 해서 이주한 조선족들이 많이 살고 있습니다. 때문에 그곳에 가면 우리말로 된 간판들을 얼마든지 볼 수 있고, 우리말을 사용하는 데노 선혀 어려움이 없다고 합니다. 물론 우리 민족의 정서 또한 얼마든지 느낄 수 있다고 합니다. 그런데 유대인들에게도 이와 비슷한 상황이 있었습니다. 알렉산더와 그 부하들, 그리고 톨레미 왕조와 셀류커스 왕조를 거치면서 팔레스타인에 살았던 많은 유대인들은 생존을 위해 세계 곳곳으로 흩어지게 되었습니다. 우리는 그들을 '디아스포라'라고 부릅니다. 이들은 가는 곳마다 회당을 지어 그곳에서 예배를 드리고 그들만의 문화를 지켰으며 교육을 통하여 유대 공동체의 정체성을 지켜나갔습니다.
결국 어느 곳이든 그들이 가 있는 곳이면 히브리 문화와 사상이 전파되었습니다. 또한 초대교회 때 사도 바울은 이들 디아스포라의 회당을 중심으로 복음 전파 사역을 펼쳐나가게 됩니다.

· 모든 길은 로마로 통한다 – (   )의 기반

로마의 통치를 또다른 시각으로 살펴보면, 히브리 사상과 문화가 더 넓게 퍼지는 역할을 하였습니다. 당시의 로마는 인근 국가만이 아니라 전 세계로 통하는 교통의 중심지였고, 학문과 문화의 중심지였습니다. 이런 로마의 지배를 받는 유대인들은 자연스럽게 로마의 모든 학문과 문화를 습득할 수 있었고, 이들이 건설한 훌륭한 교통로를 이용할 수 있었습니다. 그 결과 바울과 같은 이들은 로마의 교통과 문화적인 접촉점을 가지고 복음 전파 사역을 감당할 수 있었던 것입니다.

3. 준비 끝!

이제 메시야가 오실 준비가 끝났습니다. 하나님은 메시야가 오셨다는 놀라운 소식이 전 세계에 빠르게 전파될 수 있는 시기를 선택하셨습니다. 이미 사람들은 메시야가 오시기를 너무나도 기다리고 있었고, 그 전파의 대표 주자들인 유대 디아스포라들은 세계 곳곳에 흩어져 메시야 오심의 소식을 전할 준비를 하고 있었으며, 이 소식을 전할 언어인 헬라어를 충분히 숙달해 놓은 상태였습니다. 또한 소식을 실어나를 로마로 통하는 잘 뚫린 도로망이 있었습니다. 예수님의 오심에 대한 소식은 바로 이런 준비가 모두 끝난 다음이었습니다.

알렉산더 대왕

대제국을 건설한 대왕으로 일컬어지는 알렉산더(B.C. 356~323년)는 마케도니아의 왕(B.C. 336~323년)이었다. 알렉산더는 당시 대학자인 아리스토텔레스를 마케도니아 수도인 펠라의 궁정에 초빙하여 3년 동안 그에게 윤리학, 철학, 문학, 정치학, 자연 과학, 의학 등을 배우며 성장했다. 그가 변함없이 그리스 문화를 높이 평가한 일은 스승의 영향을 받았기 때문이라고 한다. 부왕이 암살되자 그는 군대의 추대를 받아 20세의 젊은 나이로 왕이 되었고, 그리스 도시의 대표자 회의를 통해 아버지와 같이 헬라스 연맹의 맹주로 뽑히게 된다.

B.C. 334년, 그는 마케도니아군(軍)과 헬라스의 연맹군을 거느리고 페르시아 원정을 위해 소(小)아시아로 건너가 싸워 승리하였다. 페르시아의 지배하에 있던 그리스의 여러 도시들을 해방하였으며, 사르디스와 그 밖의 땅을 점령한 뒤 북(北)시리아를 공략하였다. B.C. 333년에 다리우스 3세의 군대를 대파하였으며, 이어 페르시아 함대의 근거지인 티루스와 가자 등을 점령하였다. B.C. 330년에는 세 번이나 페르시아군(軍)과 싸워 대승하였다. 알렉산더는 계속하여 바빌론, 수사, 페르세폴리스, 엑바타나 등의 여러 도시를 장악하는데 성공하였다. 그러나 B.C. 323년 아라비아 원정을 준비하던 중, 33세의 젊은 나이로 갑자기 죽게 된다.

그는 자신이 정복한 땅에 알렉산드리아라고 이름지은 도시를 70개나 건설하였다. 이 도시들은 그리스 문화 동점(東漸)의 거점이 되었고, 헬레니즘 문화 형성에 큰 구실을 하였다. 그의 문화사적 업적은 유럽, 아시아, 아프리카에 걸친 대제국을 건설하여 그리스 문화와 오리엔트 문화를 융합시킨 새로운 헬레니즘 문화를 이룩한 데 있다. 그가 죽은 뒤 대제국의 영토는 마케도니아, 시리아, 이집트의 세 나라로 갈라졌다.

정리해봅시다

1. 구약 성경과 신약 성경 사이에는 약 ( )의 공백이 있습니다. 그러나 이 시기는 단순한 침묵의 시간이 아닌 ( )을 준비하는 시기였습니다.

2. 하나님께서는 ( )을 통해서 ( )을 전하기 위해 헬라의 ( )과 로마 제국의 ( )를 예비하셨습니다.

3. 신약 성경의 역사적 배경을 요약하자면 '( )라는 수레에 ( )을 싣고 ( )라는 도로를 달려가는 유대 민족'이라고 할 수 있습니다.

4. 서로 연결해보십시오.

정치적 상황 ·	· 계속된 식민지로서 혼란한 사회였다.
사회적 사상 ·	· 히브리 사상과 헬라 사상이 서로 융합되고 있었다.
문화 · 사상적 상황 ·	· 로마의 통치를 받았지만 비교적 자치권이 주어졌다.
영적인 상황 ·	· 어려운 시대적 상황과 함께 영적인 갈급함이 커져 갔다.

제 2 과 신약의 배경

【 지리적 배경 】

"오직 성령이 너희에게 임하시면 너희가 권능을 받고
예루살렘과 온 유대와 사마리아와 땅 끝까지 이르러 내 증인이 되리라"(행 1:8)

배워봅시다

신약 성경을 이해하기 위해서는 반드시 팔레스타인의 지리적 특성과 기후적 상황에 대한 이해가 필요합니다. 신약 성경 형성 당시의 역사적 배경과 더불어 지리적, 기후적 환경에 대한 개략적인 이해는 성경을 더욱 풍성하게 읽을 수 있는 좋은 지렛대 역할을 할 것입니다. 지리적 배경 부분은「프리셉트 구약 개관」(프리셉트)의 제1과에서 공부한 내용을 다시 읽은 후에 살펴보면 더욱 효과적인 성경지리 공부가 될 것입니다.

1. 이스라엘 지도 그리기

신약 성경의 지리를 배우기 전, 우리는 이스라엘의 역사적 지형을 먼저 배워 보고자 합니다. 수천 년을 내려오면서 지명과 행정 구역에 대한 변동과 나눔이 많았기 때문에 하나로 배우기에는 많은 어려움이 있지만, 여기서는 기본적인 지형들만 설명하고자 합니다. 구체적인 지형과 지리, 기후, 도로망, 배경 등에 대해서는「프리셉트 구약 개관」제2과에서 공부한 내용을 참고하시기 바랍니다.

우선 이스라엘 지도를 직접 쉽게 그려 보는 시간을 갖겠습니다.

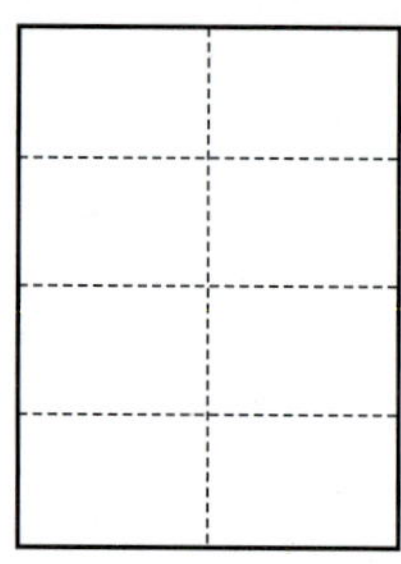

종이 한 장을 들고 직접 따라 해보십시오.

① 우선 종이를 세로로 한 번 접고
② 다시 가로로 두 번을 접습니다.
③ 그러면 그림과 같이 총 8개의 사각형이 생깁니다.

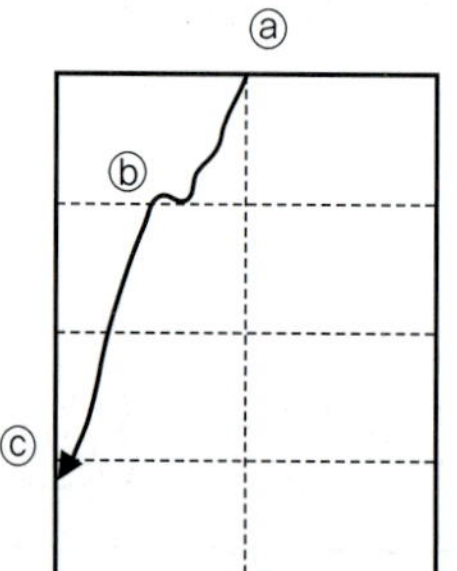

④ 꼭지점 ⓐ에서 ⓒ까지 비스듬하게 내려 그립니다.
⑤ ⓑ에서 한번 꺾어 주면 더 정확해집니다.
⑥ 그러면 이제 이스라엘 지도는 완성된 것입니다.

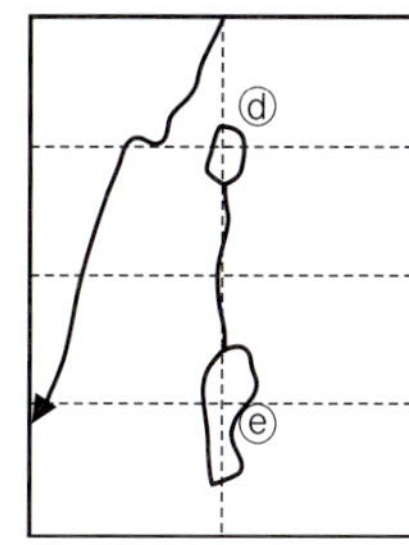

⑦ ⓓ에 콩알만한 동그라미를 하나 그립니다.
이곳이 바로 갈릴리 바다입니다.

⑧ ⓔ에는 콩깍지만한 동그라미를 그립니다.
이곳은 사해입니다.

⑨ 마지막으로, 갈릴리와 사해를 연결하는 강을 그리면 요단 강이 완성됩니다.

2. 이스라엘의 구체적인 지형 알아보기

이제, 이스라엘 지도를 구체적으로 완성해가도록 하겠습니다. 이스라엘은 크게 (   ) 지역, (   ) 지역, (   ) 지역, (   ) 지역으로 구분할 수 있습니다.

예수 시대 성경의 성읍들*

* 본서에 나오는 모든 지도는 「프리셉트성경」에서 발췌하였습니다.

· 갈릴리 지역 – (   )

이 지역은 이스라엘의 북부 지역입니다. 상부 갈릴리와 하부 갈릴리로 구분되며, 갈릴리 바다를 포함하는 지역입니다. 이스라엘의 멸망 이후 이방인의 문화가 급속도로 유입된 지역이며, 예수님의 탄생지인 '나사렛'이 있는 지역입니다. '나사렛에서 무슨 선한 것이 나겠느냐'라는 말은, 이 지역에 대한 이스라엘 사람들의 시각을 단적으로 보여주는 예라고 할 수 있습니다. 또한 예수님의 주된 사역지였던 가버나움이 있던 곳이며, 복음 전파와 확산의 교두보가 되었던 지역이라고 할 수 있습니다.

※ 지도의 갈릴리 지역에 점으로 원을 그려 갈릴리 지역을 대략적으로 표시해주십시오.

· 사마리아 지역 – (   )

벧엘에서 이스르엘 평야, 지중해에서 요단 강, 에브라임(남부 사마리아), 므낫세(동부, 중앙, 서부 사마리아), 샤론 평야, 갈멜 산을 포함하는 지역입니다. 사마리아라는 명칭은 열왕기상 16:23–24에 등장하는 '쌰마르'(세멜)라는 히브리어에 그 어원을 둡니다. '지키다', '경계하다'라는 의미이며, 성경에서는 이 지역을 '에브라임 산지'라고 부르기도 합니다(수 20:7 등).

왕국 분열과 성전건축 과정에서 유다와 갈등을 일으키며, 급기야 신약 성경에 이르러서는 서로를 '개'처럼 취급하며 감정의 골이 깊어지게 됩니다.

※ 지도의 사마리아 지역에 점으로 원을 그려 사마리아 지역을 대략적으로 표시해주십시오.

· 유대 지역 – (   )

유다 산지를 중심으로 외부와는 고립된 지리적 특성을 지닌 지역입니다. 동쪽에는 사해로 가로막혀 있고, 남쪽으로는 네게브로부터 광야에 이르는 지역으로 가로막혀 있습니다. 또한 해발 고도 1000m 이상의 능선은 남쪽으로부터 적들이 침입하지 못하도록 하는 방어벽의 구실을 합니다. 서편으로는 세펠라 완충지대로 둘러쌓여 유다 산지로 오기까지 1000m 이상을 올라야 하고, 북쪽으로는 제한된 능선과 높은 고도를 오르더라도 요새들이 둘러싸고 있기 때문에 공격이 용이하지 않았습니다. 게다가 물이 부족하여 포위공격으로 점령하는 것이 여의치 않아 공격자의 입장에서는 두 방향 이상의 도로를 점유해야 하는, 공격하기에 매우 까다로운 조건이라 할 수 있습니다. 예루살렘, 베들레헴, 베다니와 같은 도시들이 위치하고 있는 지역이기도 합니다.

※ 지도의 유대 지역에 점으로 원을 그려 유대 지역을 대략적으로 표시해주십시오.

· 요단 동편 지역

이 지역은 '야르묵', '얍복', '아르논'이라는 강으로 나뉩니다. 즉 '야르묵' 강 동편 지역, '얍복' 강 동편 지역, '아르논' 강 동편 지역으로 구분됩니다. 이 지역은 정복시대부터 이스라엘의 두 지파 반이 살아온 지역이며, 예수님께서 갈릴리에서 예루살렘으로 가실 때 다녀가시기도 했던 곳입니다. '베뢰아'가 바로 예수님 당시의 이곳 지명입니다. 또한 요단 강 건너편이라고 묘사되기도 했습니다.

※ 지도의 요단 동편 지역을 타원형으로 원을 크게 그려 요단 동편 지역을 대략적으로 표시해주십시오.

사해 바다

사해 북쪽 지역 항공 촬영 사진

갈릴리 호수에서 흘러나온 요단 강이 광야를 적시고 도착하는 곳은 아무런 생물도 살지 않는 사해(死海)이다. 사해는 요단 강에서 매일 5백만 톤(t)의 물을 받아들이지만, 언제나 넘치지 않고 일정한 수면을 유지하는 특이한 호수이다. 뜨거운 날씨로 인해 유입된 양만큼의 물이 수증기로 증발하기 때문이다. 대략 남북의 길이가 70km, 동서의 폭이 15km로

해발 –450미터 지역에 위치하여 물이 어느 곳으로도 흐르지 않는 고여 있는 바다이다. 때문에 염분의 비율이 30%에 달해 어떠한 생물도 살 수 없는 곳이다. 사해가 유명해진 것은 이 엄청난 소금 비율로 인해 수영을 하지 않아도 몸이 뜨게 되는 현상 때문이다. 게다가 사해에는 다양한 광물질이 녹아들어 사해 해수욕이 피부병 치료에 좋다는 사실이 알려지면서부터 수많은 관광객들이 이곳을 찾고 있다.

3. 복음의 확산 – (　　　　　)를 중심으로

신약 성경의 주 무대는 크게 둘로 나눌 수 있습니다. 예수님 사역의 중심지였던 팔레스타인 지역과 초대교회의 설립 이후 세계 선교의 현장이었던 이집트, 소아시아(현대의 터키 지역), 이탈리아, 스페인 지역을 포괄하는 지중해 연안 지역입니다. 사도 바울은 세 차례의 전도 여행을 통해 지중해 연안을 누볐습니다. 그 결과 우리에게 친숙한 에베소, 고린도, 로마, 데살로니가, 갈라디아 등의 지역과 계시록에 등장하는 일곱 교회 등 수많은 곳에 교회를 설립하게 됩니다. 지중해 연안을 중심으로 로마 제국 전역에 거센 복음의 열풍이 불어 닥치게 된 것입니다. 그리고 2000여 년이 지난 지금까지도 우리에게 복음의 기쁜 소식이 전해지고 있는 것입니다.

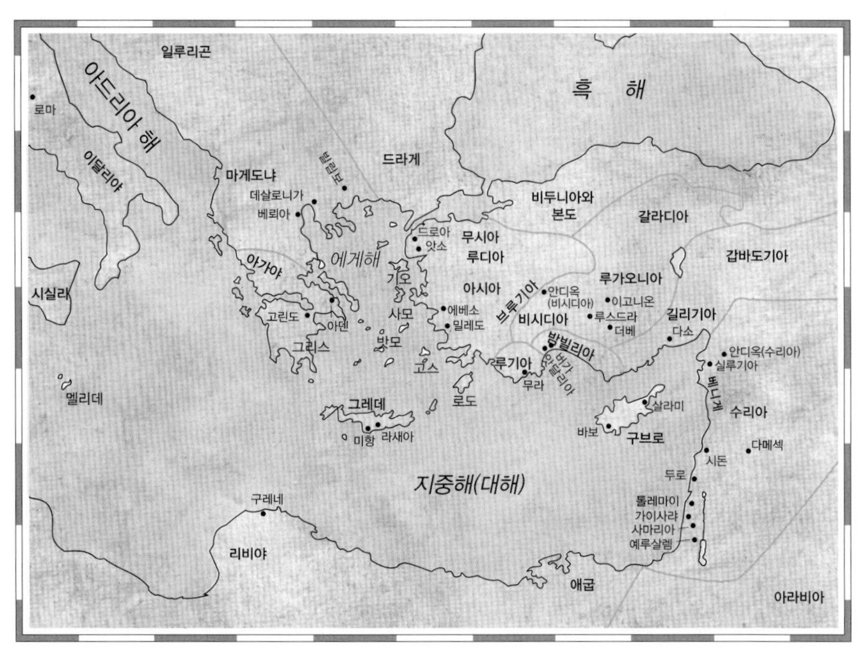

4. 팔레스타인 지역의 기후

이스라엘의 기후적 특성을 살펴보겠습니다. 우선 두 종류의 계절이 있습니다. 바로 건기(5월~10월)와 우기(11월~4월)입니다. 건기와 우기라는 극명한 계절의 구분은 삶의 양상을 완전히 뒤바꾸어 놓습니다. 우선 건기는 40도를 넘어가는 뜨거운 햇볕과 차가운 밤, 거의 비가 오지 않는 기후를 말합니다. 극명한 일교차, 부족한 물, 밤새 내리는 이슬에 주된 수원을 의지해야 하는 상황과 성경의 장면들을 교차시킨다면 좀더 현장감 있는 성경공부가 될 것입니다.

이스라엘의 우기

우기의 기후는 조금 불안정한 편입니다. 강한 바람을 동반한 우박과 소나기가 밤새 내리기도 하고, 많은 강수량으로 인해 건기에 말라붙은 강물이 다시금 불어나 강으로서의 모양을 되찾기도 합니다. 그리고 사막조차 목초지로 변할 정도로 농업이 활기를 띄기도 합니다. 예루살렘의 연중 강수량은 평균 600mm정도로 그 대부분은 우기 중 약 3개월 사이에 집중됩니다. 결국 이러한 기후적 구분은 농사의 주기를 결정하며, 농사의 주기와 맞물려 종교적 절기를 풍성하게 합니다(물론, 절기는 하나님께서 제정하신 것입니다). 이러한 기후적 상황은 결국 이스라엘의 농업 형태를 결정하며 사람들의 삶을 결정하는 중요한 요소가 됩니다.

팔레스타인 지역의 기후정보

	갈릴리 지역	사마리아 지역	유대 지역	사해 지역
강우일수(연중)	60	40	16	5
강수량(mm)	800–1000	500–700	200–300	20–50
평균기온(최고)	18–20	20–30	19–33	26–40
평균기온(최저)	4–10	7–13	7–17	10–21

현대 이스라엘 독립 약사 2)

1920년, 발포어 선언

1차 대전 발발 전, 전 세계에서는 팔레스타인 지역에 유대인 왕국을 건설하고자 하는 시온주의 운동이 거세게 일어난다. 그 결과, 1917년 영국의 외무장관 아서 발포어가 시온주의 지도자 바론 리오넬 로스차일드에게 팔레스타인에 유대 왕국을 세우는데 영국이 협력할 것이라는 약속을 하게 된다. 그리고 3년 후 영국은 평화 협정에 의해 팔레스타인의 국경선을 정하는 선언을 하게 되는데, 이것이 바로 그 유명한 '발포어 선언'이다. 영국은 지도상에 규정된 지역의 3/4을 요르단 영토로 이양하고, 나머지 지역을 28년간 지배했다.

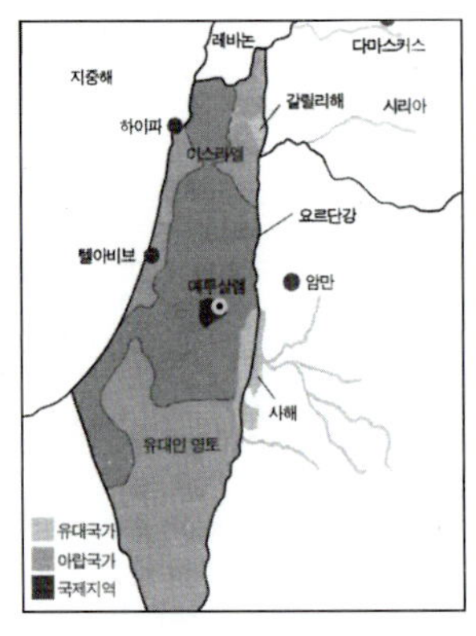

1947~48년, 팔레스타인의 분할

1947년 11월, 국제연합(UN)이 팔레스타인을 유대국가와 아랍국가로 분할하라고 명령함으로 영국의 지배는 끝이 나게 된다. 그리고 마침내 1948년 5월 15일, 이스라엘은 독립을 하게 된다. 5월 14일 시온주의 지도자 벤 구리온이 이스라엘의 건국을 선포하자 이집트, 이라크, 시리아, 요르단, 레바논군은 이스라엘을 침공한다.

1949년, 휴전 조약에 의한 영토 분할

이집트, 요르단, 시리아, 레바논과의 휴전으로 이스라엘은 영국이 지배하던 당시의 팔레스타인과 비슷한 영토를 차지하게 된다. 그리고 요르단은 요단 강 서안에 대한 지배권을 다시 얻게 되고, 예루살렘은 이스라엘과 요르단 영토루 분할되게 된다.

6일 전쟁

이집트, 시리아, 요르단이 1967년 군사동맹을 맺고 이스라엘 공격을 준비하자 이스라엘은 선제공격을 한다. 6월 5일 이스라엘군은 이륙을 준비하던 이집트 전투기를 공습한다. 이스라엘의 탱크와 지상군은 골란고원, 예루살렘 구시가지, 가자지구, 시나이반도, 요르단 강 서안 등으로 일제히 진격을 한다. 그리고 결국 아랍동맹은 6일만에 유엔의 정전 권고를 받아들이게 된다.

1993년, 오슬로 협정

9월 13일 노르웨이 외무장관 요한 홀스트의 중재로 이스라엘과 PLO(팔레스타인 해방기구)는 오슬로에서 비밀리에 만나 협의안에 합의한다. 그 내용은 이스라엘이 헤브론시를 제외한 가자지구와 서안지구에서 철군하고, 이 지역에서 팔레스타인의 자치를 받아들이는 것이다. 오슬로 협정에 부속된 '상호인정'의 원칙으로 이스라엘은 PLO를 합법적인 팔레스타인 정부로 인정하고, PLO도 이스라엘의 존재 근거를 인정하게 된다.

---

2) 노암 촘스키 저, 「숙명의 트라이앵글」, 유달승 역(서울: 도서출판 이후, 2001), pp.5-6.

정리해봅시다

1. 이스라엘 지도를 그려보십시오(이 과에서 배운 방법으로).

2. 이스라엘은 크게 ( ), ( ), ( ), ( ) 지역으로 구분될 수 있습니다. 여러분이 그린 이스라엘 지도에 이 네 지역을 구분하여 표시해 보십시오(단, 각기 다른 색으로).

3. 예수님의 승천 이후, 폭발전인 전도와 바울의 선교 등으로 인해 ( ), ( ), ( ), ( ) 지역에 복음이 전파되며 수많은 교회들이 설립되었습니다.

4. 이스라엘의 계절은 크게 ( )와 ( )로 구분됩니다.

제 3 과 신약의 배경

【 사회, 경제, 문화적 배경 】

"너희는 주의 길을 준비하라 그가 오실 길을 곧게 하라"(마 3:3)

배워봅시다

1. 1세기 유대 공동체는 매우 (   )에 처해 있었습니다.

예수님께서는 공생애를 광야에서 마귀에게 시험받음으로 시작하십니다. 사도 바울 역시 광야에서 시험과 연단을 받는 장면이 성경에 등장합니다. 이처럼 광야가 주는 의미는 단순히 넓고 광활한 대지만을 의미하는 것이 아닙니다. 광야는 풀 한 포기조차 자라기 어려운 돌과 바위, 거친 절벽, 그리고 모래 사막으로 이루어진 그야말로 사람이 살기 어려운 극한 장소를 의미합니다.

앞 과에서 살펴보았듯이 유대 지형의 절대 다수는 광야와 산지로 이루어졌으며, 비교적 비옥한 지역이라 할지라도 대규모 농사보다는 가축을 키우며 목양을 하는 상황이었습니다. 지중해성 기후로 인해 예루살렘 주변의 올리브나무 재배 정도가 가장 높은 수익원이었을 것입니다. 물론, 갈릴리 지역은 베드로와 같은 어부들의 어업이 활발하게 이루어지기도 했습니다.

이러한 여건 때문에 팔레스타인 지역의 경제적인 상황은 근본적으로 열악할 수 밖에 없었습니다. 게다가 불안한 정세, 내란, 권력 투쟁, 로마의 압박은 많은 이스라엘 사람들이 팔레스타인 지역을 떠날 수밖에 없도록 만드는 요소가 되었습니다. 바벨론 포로기 이후 계속된 팔레스타인 지역의 황폐화로 인해 디아스포라 공동체가 지중해 연안 전역에 분포된 것이 바로 1세기의 팔레스타인 상황이었습니다. 구약 성경에 등장한 비옥한 가나안의 꿈은 깨어진 채, 많은 이스라엘 사람들은 빈곤한 상황에 처하게 되었습니다.

2. 이스라엘은 권력과 부(富)가 (   )에 의해 분배되어지는 (   ) 중심의 사회였습니다.

하지만 이렇게 어려운 상황 속에서도 이스라엘 사람들은 제사장 가문을 중심으로 종교적 공동체라는 특성을 유지해 나갔습니다. 헤롯 성전이 건축된 예루살렘을 중심으로 수많은 유대 디아스포라의 순례가 이어졌고, 이들로 인해 예루살렘은 독특한 부를 축적할 수 있었습니다. 예루살렘에는 엄청난 양의 희생제물이 드려졌습니다. 그래서 예루살렘의 일부 유력한 제사장 가문은 막대한 부를 축적했으며, 이와 더불어 사람들의 종교적 지지를 기반으로 하는 막강한 권력을 누릴 수 있었습니다. 이것을 극명하게 보여주는 예가 바로 예수님의 죽음 과정에서 등장하는 대제사장들의 역할입니다.

헤롯 성전 복원도[3]

예루살렘 성전에 드려지는 제물의 규모

예루살렘 성전에는 유대 디아스포라의 성전 방문으로 인해 엄청난 희생제물이 축적되기 시작했다. 요세푸스의 기록에 의하면, 예루살렘 성전에서는 새벽과 오후 9시에 드리는 번제에 보통 양 한 마리씩이, 안식일에는 각각 두 마리씩의 양이 바쳐졌다. 게다가 월삭과 명절에는 이 양이 크게 증가했으며, 늘 자유로운 희생제사가 드려졌다. 절기에 드려지는 제사는 상상을 초월하였는데, 유월절에는 통상적으로 255,600마리 정도의 가축이 도살되었다고 한다. 중요한 것은 이 엄청난 규모의 제물들이 모두 성전에 귀속되어 몇몇 유력한 제사장 가문에 분배되었다는 것이다.

3) 「프리셉트성경」, pp.38-39.

3. 종교적 계층 형성

1세기의 유대 역사가 요세푸스는 당시의 종교적 계층을 다음과 같이 구분합니다.

1) (　　　　)

바리새파인들은 예수님 당시에 약 6,000여 명으로 추정되는 다수의 그룹이었습니다. 이들은 높은 율법적 이상을 실천하기 위해 수많은 규례들을 만들어내어 율법을 철저히 준수하게 했습니다. 예수님이 가장 빈번하게 충돌한 그룹이 바로 이 율례에 얽매인 바리새파였던 것도 이러한 요소와 전혀 무관하지는 않을 것입니다. 사두개인들이 현세적이며 메시야의 출현을 고대하지 않는 보수적인 그룹이었다면, 바리새파는 내세를 믿는 특징을 보이며 당시 사회의 근간을 이룬 계층이었다고 할 수 있습니다.

2) (　　　　)

사두개인들은 앞에서 언급한 대제사장과 유력 제사장 가문으로 구성된 그룹입니다. 이 명칭은 학자들에 의해 '사독'의 자손이라는 의미로 추정되기도 합니다. 하지만 이들이 사독의 후예라는 증거는 없으며, 사두개인들이 정확하게 대제사장 가문이었는지에 대한 증거 또한 찾기가 어렵습니다. 이들은 소수였지만 당시 사회의 지도적 계층이었으며, 헤롯 왕가와 로마와의 충돌을 원치 않는 지극히 보수적인 계층이었습니다.

3) (　　　　)

에센파 그룹은 쿰란동굴의 사본을 기록하기도 했으며, 도시와는 멀리 떨어진 곳에 수도원의 원형이 될 수 있는 공동체 생활을 한 그룹입니다. 이들은 당시의 종교적 부패를 강하게 비판하며 등장했고, 메시야를 대망한 채 사회와는 분리된 삶을 살아갔습니다. 이들에 대한 본격적인 연구는 쿰란동굴이 발견된 이후이며, 이 동굴에서는 이들의 규례와 서약과 생활 양식에 대한 많은 기록들이 발견되었습니다.

쿰란동굴과 사해사본

1947년, 사해 근처에서 베두윈 족 한 목동은 잃어버린 양을 찾아 이리저리 헤매다 언덕

꼭대기에 있는 동굴을 발견하게 된다. 그 소년은 동굴 근처까지 가까스로 올라가 돌을 동굴 안으로 던졌다. 양이 그 속에 있으면 돌이 떨어지는 소리에 놀라 울 것이란 생각 때문이었다. 그러나 그곳에서는 엉뚱하게도 항아리가 깨지는 소리가 났다. 호기심을 느낀 소년은 몇 시간의 노력 끝에 겨우 동굴에 들어갈 수 있었다. 넓고 평평하게 다듬어진 동굴 안에는 질그릇 항아리가 여러 개 놓여 있었다. 고대 히브리어가 빼곡히 적혀 있는 이 두루마리는 이사야서 등이 적힌 구약 성경의 필사본이었다. 이 발견 이후 수십 개의 두루마리들은 도굴되어 아랍인 골동품상을 통해 헐값으로 팔려나갔다.

그 해 11월 23일, 히브리대학의 고고학자 수케닉 교수에게 한 아랍인 골동품상이 전화를 걸어 왔다. 귀중한 물건이 있으니 만나자는 것이었다. 당시 이스라엘은 독립전쟁을 벌이고 있는 상태여서 예루살렘은 아랍인과 유대인 구역으로 나눠져 있었다. 다음 날, 수케닉 교수와 만난 아랍상인은 히브리어로 쓰여진 양피지 한 조각을 들어보였다. 한눈에 고대 책의 필사본임을 직감한 수케닉 교수는 그 상인으로부터 3개의 두루마리를 사들였다.

그 후 1949년, 요르단 고고학 연구소의 하딩에 의해 쿰란 제1동굴에서 성경, 비성경문서, 외경 등이 발굴되었다. 그리고 1952년, 제2동굴에서 작은 단편들이 발견되었다. 다시 제1동굴에서 북쪽으로 1.6㎞ 떨어진 곳에서 제3동굴이 발견되었으며, 274개의 히브리어 및 아랍어 단편과 2개의 동판 두루마리가 나왔다. 같은 해 쿰란 서쪽에서 4개의 동굴이 또 발굴되었으며, 에스더를 제외한 성경의 모든 문서와 경문서 주석서 제의문서 등이 발견되었다.

연구 결과, 이 두루마리들은 B.C. 2세기의 것으로 판명되었다. 이 두루마리들은 마카비시대에 새로운 종교를 형성하고, B.C. 2세기부터 A.D. 1세기까지 이곳에서 쿰란 공동체를 이루며 살았던 에센파 사람들이 율법과 예언서를 필사해 자손들에게 물려주었던 것이다. 이들은 하나님께 온전히 헌신하는 공동체 생활을 했고, 스스로를 참 이스라엘인이라 부르며, 하나님의 통치가 지상에서 이루어지길 기다렸다. 사해사본은 가장 오래된 구약 필사본이며, 현재 예루살렘 박물관에 보관되어 있다. 중요한 것은 이 고고학적 발견이 그동안 논란이 되었던 바울 저작의 진위문제, 성경의 진실성 여부 문제에 대해 결정적인 증언을 해주는 중요한 자료라는 사실이다.

4. (   ) 혼란과 (   ) 혼란의 지속

그러나 헤롯 가문의 몰락, 로마의 진군으로 인한 정치적 혼란 등은 유대의 전통적이며 종교적인 사회 질서를 뒤흔들기 시작했습니다. 사실, 이 당시의 사람들에게 있어서 가장 중요한 사회적 가치는 바로 신분이었습니다. 예를 들어, 사회적 신분이 제사장인지 혹은 노예인지에 따라 사회적 역할이 규정되며 소유할 수 있는 부의 범위가 확정되었습니다. 그런데 바로 이러한 사회적 신분의 틀이 정치적 혼란으로 인해 흔들리게 된 것입니다. 가장 좋은 예는 로마가 사마리아 지역을 직할체제로 다스리기 시작한 이후 등장하게 되는 세리 계층입니다. 천한 신분의 사람이 자신의 신분에 걸맞지 않는 부를 소유하게 되자 사람들은 근본적으로 그들의 부에 대해 부정하다는 시선을 보였고, 결국 사회적 멸시와 천대로 이어지게 되었습니다.

성경은 마태복음 5:3, 11:4-5; 마가복음 12:42-43; 누가복음 21:2-3, 6:20-21, 14:13, 14:21, 16:20-22 등에서 과부, 맹인, 못 걷는 사람, 나병환자, 못 듣는 자, 죽은 자, 애통하는 자 등을 한데 묶어 이야기합니다. 쉽게 설명하면, 이것은 단순히 가난한 사람과 부자라는 부의 문제에서 오는 것이 아니라 가난은 자신의 사회적 · 종교적 신분을 유지하지 못한 채 몰락한 일종의 부정한 사람들을 가리키는 단어였다는 사실입니다. 야고보서를 살펴보면, 금가락지를 낀 부유한 사람은 회당으로 인도하며 가난한 사람은 발등상으로 내모는 사회적 모순이 등장합니다. 이것은 단순한 부의 소유문제에서 비롯되었다기보다는, 오히려 가난한(즉 부정한) 사람에 대한 사회적 냉대와 멸시를 의미하는 것입니다.

신약 성경에 등장하는 수많은 거지, 맹인, 병자, 과부는 바로 이러한 사회적 산물이었습니다. 예수님이 이들과 함께 하셨다는 것은 단순히 가난한 자들을 편드셨다는 의미보다는 사회적으로 사람 취급을 받지 못하는 약자들을 위하셨다는 의미입니다. 초대교회의 중요한 문제 중의 하나였던 과부에 대한 공궤와 공동체의 재산분배, 나눔은 모두 이러한 의미에서 접근해야 합니다. 왜냐하면 현대와는 '부'의 의미가 조금은 다르기 때문입니다. 이러한 격변의 사회가 바로 1세기, 예수 그리스도 시대의 사회상이었음을 기억해야 합니다.

정리해봅시다

1. 1세기경의 유대 공동체는 대단히 (   ) 상황에 처해 있었습니다.

2. 당시 유대사회는 종교적 질서에 의해 지배되는 사회였습니다. 구체적인 종교적 계층은 (   ), (   ), (   )로 구분될 수 있습니다.

3. 1세기의 유대 공동체는 지배계층이 계속해서 바뀌는 (   )의 시기였습니다.

4. 솔로몬 성전의 붕괴 이후 헤롯 왕이 복원한 헤롯 성전에는 수많은 순례객들이 끊이질 않았습니다. 특히 지중해 연안에 흩어져 살고 있던 (   )은 해마다 유월절이 되면 성전을 찾아 발길을 재촉했습니다.

제 4 과 신약의 배경

【 신약 성경의 구조 】

"너희가 성경에서 영생을 얻는 줄 생각하고 성경을 연구하거니와
이 성경이 곧 내게 대하여 증언하는 것이니라"(요 5:39)

배워봅시다

성경의 구조를 살필 수 있는 방법에는 여러 가지가 있습니다. 그 중 가장 보편적인 방법을 꼽는다면, 성경을 각 권의 문학적 특성과 저자에 따라 구분하는 것입니다. 목차를 중심으로 하여 신약 성경을 이러한 방법으로 분류하면 다음과 같습니다.

복음서(4)	역사서(1)	서신서(21)			예언서(1)
		바울서신(13)		일반서신(8)	
		(교회에게)	(개인에게)		

신약 성경은 헬라어(그리스어)로 기록되었습니다. 물론 당시 근동지방의 언어인 아람어가 극히 일부분 포함되어 있기도 하지만, 당시 근동아시아 지역의 표준언어였던 헬라어는 신약 성경의 다양한 문학적 틀을 제공한 훌륭한 언어였습니다. 헬라어의 엄밀한 문법적 체계와 아름다운 문체적 특성은 성경 기자들로 하여금 아름다운 헬라어 문체를 사용할 수 있게 하였습니다. 따라서 헬라어의 특징에 따른 문체와 그 기록 양식으로 신약 성경 각 권을 크게 분류해 볼 수 있습니다.

하지만 이러한 방법으로 성경 각 권을 읽어나가는 작업은 많은 시간과 인내를 요하는 일이기에 지금 여러분과 함께 나누는 성경 개관의 단계에서는 조금 다른 방법으로 신약 성경의 전체 내용을 살펴볼 것입니다. 성경의 구조를 이해하는데는 여러 가지 방법이 있습니다. 그 중 대표적인 방법은 예수 그리스도를 성경의 중심에 놓고 살펴보는 것입니다.

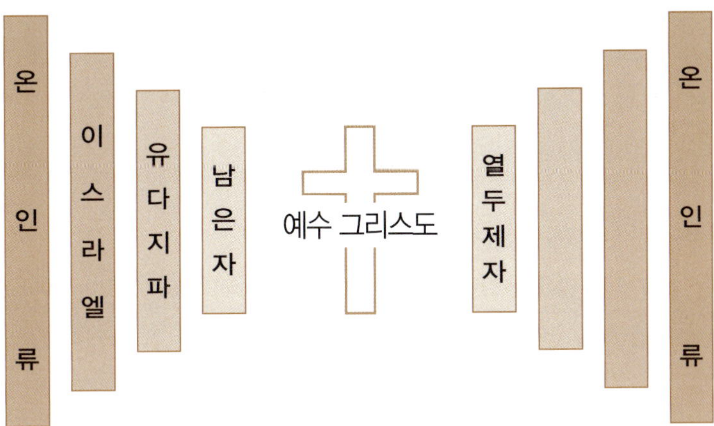

우리는 「프리셉트 구약 개관」을 통해 위의 시대 구분을 근거로 하여 10가지 정도로 성경의 시대를 구분하여 그 흐름과 구조를 살핀 경험이 있습니다.[4)]

구약 성경의 시대 흐름 구분

신약 성경 역시 이러한 시대적 흐름 속에서, 이제 예수 그리스도를 중심으로 그분의 탄생과 삶, 십자가에 달리심과 죽음, 부활, 승천, 그리고 열두제자를 통해 복음이 확산되어 가는 과정을 살펴나갈 것입니다. 이것은 '예수 그리스도의 생애 ⇒ 초대교회

4) 「성경탐구 40일」(서울: 두란노바이블칼리지), p.6.

의 태동 ⇒ 선교의 확산'이라는 흐름으로 연결될 수 있습니다. 이제 예수 그리스도의 생애를 여러분과 함께 살펴보도록 하겠습니다. 그러나 그 전에 한 가지 꼭 알아 두어야 할 부분이 있습니다.

1. 공관복음의 문제에 대해서

복음서는 예수님의 생애가 집중적으로 기록되어 있는 신약의 '복음 역사서'라고 할 수 있습니다(예수 그리스도의 탄생, 사역, 수난, 죽음, 부활). 때문에 복음서의 전체 내용은 (   )라고 요약할 수 있습니다. 그런데 마가복음(16장)을 읽다 보면, 또다시 마태복음의 이야기가 반복되는 것을 볼 수 있습니다. 누가복음(24장)을 읽을 때에도 마찬가지 내용이 나옵니다. 요한복음은 조금 다른 부분이 나오는 것 같지만, 전체적인 내용은 크게 다르지 않는 것을 보게 됩니다. 그렇다면 왜 이렇게 비슷한 예수 그리스도에 관한 이야기를 계속해서 반복하여 기록했습니까?

다음 사진들을 보면서 이해하시기 바랍니다.

▲ 갈릴리 일출

◀ 갈릴리 저녁

갈릴리 건너에서 ▼ 본 풍경

호수에서 본 풍경 ▶

이것은 갈릴리 호수의 전경을 각각 다른 4명의 사진사가 서로 다른 방향에서 다른 시간에 찍은 것입니다. 즉 예수 그리스도는 한 분이시지만 마태, 마가, 누가 그리고 요한이라는 사진사가 서로 다른 방향에서 그뷰에 대한 인상을 가지고 나름대로의 강조점을 두어 사진을 찍고 그려낸 것이라 할 수 있습니다. 그러므로 사복음서는 서로 같은 내용을 다루지만, 그 강조점은 각각 다른 책입니다.

2. 4복음서의 내용살피기

· 마태복음 ( )

마태복음은 세리였던 마태가 변화되어 유대인을 염두에 두고 기록한 것입니다. 이 말은 예수 그리스도를 설명할 때 유대인들이 쉽게 이해할 수 있도록 썼다는 말입니다. 마태복음 1장에 소개되고 있는 족보는 이러한 면에서 중요하다고 할 수 있습니다. 왜냐하면 그들이 같은 조상인 아브라함으로부터 나온 유대인이라는 말이 되기 때문입니다. 또한 마태복음에서는 예수 그리스도를 메시야, 즉 유대인들이 그토록 애타게 기다렸던 유대인의 왕이라는 것을 강조합니다. 그리고 유대인의 왕으로 오신 예수님의 탄생과 사역, 죽음과 부활을 그동안 유대인들이 믿고 지켜왔던 구약 성경의 메시야 예언과 모두 연결시켜 예수님이 구약에 예언된 유대인의 왕의 모습을 모두 성취하신 분임을 강조하고 있습니다.

· 마가복음 ( )

마가복음은 이방인인 로마 사람들을 대상으로 하여 기록하였습니다. 그러므로 이방인에 대한 예수 그리스도의 관심이 많이 드러날 수 있도록 기록되었습니다. 이방인들은 이론보다는 행동을 더 중요시 여겼으므로, 마가복음에서는 예수님의 족보를 과감히 삭제했습니다. 아울러 끊임없이 움직이며 바쁘게 다니시는 종의 모습을 그리고 있습니다. '인자가 온 것은 섬김을 받으려 함이 아니라 섬기러 왔다'라는 완전한 종의 모습을 보여주고자 했습니다.

· 누가복음과 사도행전 ( )

누가는 본서를 헬라의 문화와 사고방식을 가진 사람들을 위해 기록했습니다. 그는 의사로서 과학을 공부한 사람이었기에 지성인들과 학자, 철학자 등 교육을 많이 받은 사람들에게 관심을 가지고 있었습니다. 그래서 누가복음에는 길고 어려운 헬라어 단어들이 많이 사용되었습니다. 또한 누가는 처음부터 헬라 사람들의 글 쓰는 틀을 서론으로 시작하였습니다. 처음부터 저자, 쓰게 된 경위, 수신자 등의 글 쓰는 목적을 분명하게 제시하고 증인을 내세우는 등 가능한 한 자세하게 조사하여 쓴 흔적을 보여주고 있습니다. 그는 또 예수 그리스도가 온 인류를 위한 완전한 구원자이심을 강조하고 있습니다. 마태가 족보를 쓸 때에는 유대인인 아브라함으로부터 쓴 것에 반해, 누가는 온 인류의 시작인 아담과 그 위의 하나님으로부터 시작하고 있습니다.

· 요한복음 ( )

요한복음은 모든 인류를 위해 기록되었습니다. 요한은 예수님의 모습 가운데 특별히 하나님의 아들이신 예수님을 가르쳐주려 했습니다. 그는 시간, 공간, 죽음도 초월하시는 예수님을 그리면서 기적을 통해 예수님께서 하나님의 아들이심을 보여주고자 했습니다.

책 이름	대상	메시지
마태복음		
마가복음		
누가복음		
요한복음		

공관복음과 요한복음

예수님의 생애를 같은 견해와 같은 내용으로 기록한, 다시 말해서 공통적인 관점에서 기록된 복음이라 하여 우리는 마태, 마가, 누가복음을 공관복음(같은 눈으로 본다는 뜻)이라 부른다. 이 공관복음은 거의 예수님의 갈릴리 사역을 중심으로 기록되어 있다.

그러나 요한복음은 조금 다른 관점에서 기록되었다. 요한복음은 예수님께서 유대 지방에서 행하신 사역을 많이 기록하고 있다. 요한은 이 복음을 에베소에서 기록하였는데, 구전에 의하면 그때에는 모든 사도가 죽고 요한만이 남아 있었다고 한다. 그러므로 요한마저 죽으면 예수님을 목격한 사도들이 모두 사라지게 되는 것이다. 그래서 그의 제자들이 복음서에 기록되지 않은 다른 이야기들을 기록해 달라고 요한에게 요청했고, 그 요청으로 기록된 것이 바로 요한복음이라 한다. 요한은 예수님께서 죽으신 후 약 60년간을 더 살았기 때문에 예수님에 대하여 묵상할 시간이 많이 있었다. 그는 예수님의 사랑을 가장 많이 받았기 때문에 '예수님의 사랑하시는 제자'라고 불렸다. 요한이 예수님을 깊이 묵상하며 기록한 책이 바로 요한복음이었다. 요한복음은 인류 역사상 많은 사랑을 받아온 책 중의 하나이다.

예수님의 생애를 살피기 전에 먼저 공관복음의 개념을 이해하였다면 어느 정도 준비가 마무리 되었으리라고 생각한다. 이제 예수님의 생애를 본격적으로 연구해보도록 하자.

정리해봅시다

1. 신약은 총 (   ) 권으로 구성되어 있습니다.

2. 신약의 27권은 (

) 입니다.

3. 예수 그리스도의 행적을 전하는 신약의 복음 역사서 4권은 (
)입니다.

4. 마태복음과 마가복음, 그리고 누가복음을 우리는 같은 관점을 가지고 쓴 책이라 하여 (   )이라 부릅니다.

5. 그리스도의 지상명령인 복음의 전파를 기록하고 있는 선교 역사서는 (
)입니다.

제 5 과 예수 그리스도의 생애

【 탄생과 성장 】

"보라 처녀가 잉태하여 아들을 낳을 것이요 그의 이름은 임마누엘이라 하리라"(마 1:23)

배워봅시다

1. 예수 그리스도의 (   )과 (   )

예수 그리스도의 탄생과 성장은 하나님께서 사람으로 오셔서 사람으로 살아가신 과정입니다. 공생애에 들어가시기 전과 십자가에 달리시기 전, 그분의 행적을 살핌으로 우리는 신약 성경의 시작을 이해할 수 있습니다.

· 족보 문제

마태복음의 첫 장은 예수 그리스도의 족보로 시작됩니다. 그러나 이 족보에는 귀한 의미가 담겨 있습니다. 족보는 마태복음뿐만 아니라 누가복음에도 등장합니다. 하지만 두 가지 족보는 여러 가지로 차이가 납니다. 먼저, 두 족보를 비교해보도록 하겠습니다.

마태복음과 누가복음의 족보 비교

	마태복음	누가복음
성격	아브라함부터 예수님까지의 족보 (이스라엘 중심의 족보)	예수님부터 하나님까지 (온 인류의 족보)
구분	다윗 왕가 중심의 족보	왕가 중심의 족보가 아님
주제	다윗의 자손으로 오신 이스라엘의 메시야	온 인류의 구속자로 오신 예수, 두 번째 아담으로서의 예수

사실, 두 족보의 차이점은 마태복음을 기록한 마태의 주된 관심사와 누가복음의 저자인 누가의 관심사가 서로 다른 데서 생긴 문제입니다. 앞서 4과에서 살펴보았듯이 각 복음서 기자의 관심사가 서로 달랐기에 족보에서도 그 관점의 차이가 발생했다고 할 수 있습니다. 그러나 중요한 것은 이러한 족보가 예수 그리스도의 나심을 구약과 연결하여 연속적인 하나님의 사역임을 알리는 신호탄의 역할을 하고 있다는 것입니다.

2. 예수 그리스도의 (   )

먼저 동정녀 탄생의 역사적 성취를 가리키는 성경 말씀을 찾아보겠습니다.

마태복음 1:18–25

18예수 그리스도의 나심은 이러하니라 그의 어머니 마리아가 요셉과 약혼하고 동거하
기 전에 성령으로 잉태된 것이 나타났더니 19그의 남편 요셉은 의로운 사람이라 그를
드러내지 아니하고 가만히 끊고자 하여 20이 일을 생각할 때에 주의 사자가 현몽하여
이르되 다윗의 자손 요셉아 네 아내 마리아 데려오기를 무서워하지 말라 그에게 잉태
된 자는 성령으로 된 것이라 21아들을 낳으리니 이름을 예수라 하라 이는 그가 자기 백
성을 그들의 죄에서 구원할 자이심이라 하니라 22이 모든 일이 된 것은 주께서 선지자
로 하신 말씀을 이루려 하심이니 이르시되 23보라 처녀가 잉태하여 아들을 낳을 것이
요 그의 이름은 임마누엘이라 하리라 하셨으니 이를 번역한즉 하나님이 우리와 함께
계시다 함이라 24요셉이 잠에서 깨어 일어나 주의 사자의 분부대로 행하여 그의 아내
를 데려왔으나 25아들을 낳기까지 동침하지 아니하더니 낳으매 이름을 예수라 하니라

동정녀 탄생과 성령으로 잉태한다는 말의 의미는 무엇입니까?

예수 그리스도는 환상이 아니었습니다. 그는 참 인간이셨습니다. 또한 예수 그리스도는 하나님이셨고 성령으로 잉태되었기 때문에 하나님으로 남아 계셨습니다. 사실, 그 당시 처녀가 잉태한다는 것은 분명히 지금과는 비교조차 될 수 없을 정도로 받아들이기 힘든 일이었습니다. 그러나 마리아가 처녀의 몸으로 잉태하였다는 말을 들으면서 "말씀대로 내게 이루어지이다"(눅 1:38)라고 말할 수 있었던 것은 대단한 신앙의 각오였음을 알 수 있습니다.

그렇다면 마리아가 왜, 어떤 이유로 이러한 결단을 할 수 있었는지 잠시 나눠보십시오.

3. 예수님의 탄생 이야기

예수님 탄생의 신호는 동방에서 온 박사들로부터 시작되었습니다. 동방에서 온 박사들은 헤롯 왕을 방문하여 아기 예수의 나심을 알리고, 그의 메시야되심을 선포합니다. 그리고 이들은 황금과 유향과 몰약이라는 예물로서 하나님의 나심을 경배합니다. 목자들 또한 신비한 체험을 하며 그리스도의 나심을 경배합니다. 그리고 시므온과 안나는 그리스도의 나심을 찬양합니다.

예수님의 탄생 후 요셉 일가는 이집트로 피신해야 했습니다. 다음의 성경 말씀을 보고, 그 이유를 적어보십시오.

마태복음 2:13-16

13그들이 떠난 후에 주의 사자가 요셉에게 현몽하여 이르되 헤롯이 아기를 찾아 죽이
려 하니 일어나 아기와 그의 어머니를 데리고 애굽으로 피하여 내가 네게 이르기까지
거기 있으라 하시니 14요셉이 일어나서 밤에 아기와 그의 어머니를 데리고 애굽으로
떠나가 15헤롯이 죽기까지 거기 있었으니 이는 주께서 선지자를 통하여 말씀하신 바
애굽으로부터 내 아들을 불렀다 함을 이루려 하심이라 16이에 헤롯이 박사들에게 속
은 줄 알고 심히 노하여 사람을 보내어 베들레헴과 그 모든 지경 안에 있는 사내아이
를 박사들에게 자세히 알아본 그 때를 기준하여 두 살부터 그 아래로 다 죽이니

예수님의 가족이 이주한 것을 인간적인 관점에서 살펴보면 좀더 나은 환경을 찾아 이주하거나 혹은 이주와 박해가 우연히 시기적으로 일치한 것이라고 생각할 수도 있습니다. 그러나 하나님의 관점에서 본다면 이것은 야곱의 일가족을 애굽으로 보내어

기근을 피하게 하신 것처럼, 아기 예수님을 애굽으로 보내어 헤롯의 손길을 피하게 하신 것입니다. 즉, 하나님의 원대한 계획 가운데 이러한 일들이 진행되었다는 것입니다(호세아 11:1 "내 아들을 애굽에서 불러냈거늘" 참조).

헤롯은 동방에서 온 박사들이 돌아간 후 2살 이하의 사내아이들을 학살했습니다. 그 이유는 무엇입니까?

헤롯의 유아 학살은 구약에 이미 예고된 내용이었습니다. 마태복음 2:18에서는 예레미야의 예언이 성취되었다고 분명히 언급하고 있습니다.

예수님께서는 베들레헴에서 나셨습니다. 이는 구약 미가의 예언이 성취된 것입니다(미 5:2). 베들레헴에서 나신 이유는, 로마 사람들이 세금을 받기 위해 각기 고향에 가서 호적을 등록하라고 지시했기 때문입니다. 요셉과 마리아도 호적을 등록하러 고향에 갔다가 출산하게 되어 구유에서 아기를 낳게 되었습니다. 그 후 요셉 일가는 나사렛으로 이주하게 되고, 예수님께서는 나사렛에서 성장기를 보내게 됩니다.

베들레헴

헬라어 '베들레헴'은 히브리어 '베이트–레헴'을 음역한 것이며, '베이트'(집, house)와 '레헴'(빵, 떡, bread)이 결합된 것으로 '떡집'을 의미한다. 이 마을은 현대의 베이트 라흠(Beit Lahm)으로, 예루살렘에서 남서쪽 5마일 지점에 위치한 유대 산지의 마을이다. 이 마을은 유다 지파의 중심지였다. 유명한 가문, 곧 베레스의 후손들이 여기에서 살았으며 사사시대에 이 가문에는 다윗의 조상 보아스와 아버지 이새가 속했다. 이 마을은 다윗의 고향(삼상 16:1, 17:12, 20:6)이었으며, 메시야 탄생지로 예언되었다(미 5:2). 예수 그리스도는 떡집에서 생명의 떡으로, 다윗의 고향에서 다윗의 자손으로, 메시야의 탄생지에서 메시야로 오신 것이다.

4. 예수님의 성장

다음의 말씀을 읽고, 예수님의 성장 과정에 대한 질문에 대답해보십시오.

누가복음 2:40-52

40아기가 자라며 강하여지고 지혜가 충만하며 하나님의 은혜가 그의 위에 있더라 41그
의 부모가 해마다 유월절이 되면 예루살렘으로 가더니 42예수께서 열두 살 되었을 때
에 그들이 이 절기의 관례를 따라 올라갔다가 43그 날들을 마치고 돌아갈 때에 아이 예
수는 예루살렘에 머무셨더라 그 부모는 이를 알지 못하고 44동행 중에 있는 줄로 생각
하고 하룻길을 간 후 친족과 아는 자 중에서 찾되 45만나지 못하매 찾으면서 예루살렘
에 돌아갔더니 46사흘 후에 성전에서 만난즉 그가 선생들 중에 앉으사 그들에게 듣기
도 하시며 묻기도 하시니 47듣는 자가 다 그 지혜와 대답을 놀랍게 여기더라 48그의
부모가 보고 놀라며 그의 어머니는 이르되 아이야 어찌하여 우리에게 이렇게 하였느냐
보라 네 아버지와 내가 근심하여 너를 찾았노라 49예수께서 이르시되 어찌하여 나를
찾으셨나이까 내가 내 아버지 집에 있어야 될 줄을 알지 못하셨나이까 하시니 50그 부
모가 그가 하신 말씀을 깨닫지 못하더라 51예수께서 함께 내려가사 나사렛에 이르러
순종하여 받드시더라 그 어머니는 이 모든 말을 마음에 두니라 52예수는 지혜와 키가
자라가며 하나님과 사람에게 더욱 사랑스러워 가시더라

예수님의 유아 시절은 성경에서 어떻게 묘사되고 있습니까?(눅 2:40)

예수님은 12세 되던 해 어디에 갔습니까?(눅 2:41-42)

소년 예수는 성전에서 토론을 하고 있었는데, 그 내용은 구약의 내용이었습니다. 예수님은 구약의 내용을 어느 정도 알고 있었습니까?(눅 2:46-47)

소년 예수를 찾아헤매던 부모를 향한 그의 대답에서 무엇을 알 수 있습니까?(눅 2:49)

소년 예수의 부모에 대한 태도를 성경은 무엇이라고 말씀합니까?(눅 2:51)

소년 예수의 성장 과정에 대해 누가복음은 어떻게 표현하고 있습니까?(눅 2:52)

소년 예수의 성장지 나사렛
(천혜의 자연 경관, 예수의 설교 · 예화의 배경이 된 곳)

소년 예수는 나사렛이란 작은 시골 동네에서 자랐다. 그 도시는 갈릴리 지방 남단에 위치했는데, 컵처럼 생긴 계곡 언덕 위에 있었다. 예수가 자기 집에서 남쪽으로 내려다보면 므깃도라는 기름진 평야가 눈앞에 넓게 펼쳐져 있었다. 이 평야는 옛날부터 근동지방의 유명한 전쟁터였다.

므깃도는 동북지방의 바벨론, 앗시리아, 시리아, 페르시아와 같은 나라들과 가나안의 연합군, 애굽, 이스라엘이 허다한 전쟁을 치루어 수많은 피를 흘린 지역이다. 또한 이스라엘의 첫 번째 여성 지도자였던 드보라가 바락 장군과 함께 다볼 산에서 뛰쳐 내려와 가나안 군대의 병거들을 섬멸한 곳이다. 뿐만 아니라 기드온이 300명의 정병(精兵)으로 미디안 군대를 정복했던 지역이고, 사울 왕이 엔돌의 신접한 여인의 동굴에서 최후의 조반을 들고 블레셋 군대와 싸워 패배하자 자기 칼에 엎드려 자살한 곳이다. 아합 왕이 다마

스커스에서 몰려오는 아람 군대를 무찌른 장소이며, 요시야 왕이 달려드는 애굽 군대와 싸우다 화살에 맞아 목숨을 잃은 곳이다.

그러한 평야를 바라보면서 예수는 구약의 역사를 많이 생각해보았을 것이다. 이 지역은 이스라엘에서 가장 기름지고 아름다운 지역 가운데 한 곳이다. 나사렛 지방의 자연이 아름다웠음에도 불구하고, 경건한 갈릴리 사람들 사이에서는 인기가 없었고 아예 무시를 당하는 곳이었다.

제자가 된 빌립이 예수를 처음 만나고 너무나도 기뻐서 자기 친구 나다나엘을 찾아가 말했다. "우리가 메시야를 만났소. 나사렛 동네에 사는 요셉의 아들 예수라는 분이오." 그러자 나다나엘의 첫마디가 "나사렛이라구? 나사렛 같은 동네에서 무슨 좋은 일이 일어난단 말이오"라며 핀잔을 주었던 적이 있었다(요 1:45-46).

나사렛에서 북동쪽으로 19km 정도만 가면 유리같이 맑은 물에 물고기들이 펄떡대는 갈릴리 바다가 있습니다. 그곳을 게네사렛 호수라고도 불렀습니다. 남서쪽 호숫가에는 로마황제가 지은 디베랴라는 신도시가 있었습니다. 거기에는 로마식 목욕탕들과 휴양지들이 있었고, 길가에는 멋지게 늘어선 가로수가 있었습니다. 디베랴 도시의 막달라라는 거리는 유명한 홍등가였습니다. 우리 귀에 익숙한 막달라 마리아는 바로 이곳에서 온 여자였습니다. 갈릴리 바다에서 조금만 북쪽으로 가면 헤롯 빌립 왕의 궁정이 있었던 가이사라 빌립보라는 도시가 있고, 그 도시 뒤쪽으로는 꼭대기에 늘 눈이 덮여 있는 헐몬 산이 버티고 있습니다.

나사렛 서쪽에는 엘리야가 바알 선지자들을 무찌른 갈멜 산이 있고, 조금 더가면 지중해가 나옵니다. 이런 지역이 바로 예수님께서 어린 시절 자라온 무대였습니다. 이곳에서 예수님은 자연의 아름다움을 맛보면서 성장하셨는데 그분의 설교나 비유, 예화에서 여러 번 자연을 예로 하여 말씀하실 때 배경으로 사용되기도 했습니다.

정리해봅시다

1. 마태복음과 누가복음에는 예수님의 족보가 언급되고 있습니다. 이 족보의 차이가 무엇인지 앞에서 배운 내용을 근거로 하여 구체적으로 분석해보십시오.

	마태복음	누가복음
성격		
구분		
주제		

2. 예수 그리스도는 마리아와 요셉이 정혼하고 동거하기 전 (　　　)으로 잉태되었고, (　　　　　　)의 육신을 빌어 태어났다.

"아들을 낳으리니 이름을 (　　　)라 하라 이는 그가 자기 백성을 (　　　　　　) 에서 구원할 자이심이라"(마 1:21).

3. 예수님의 인적사항을 적어보십시오.

국적	
출생 지역	
가문	
성장지	

제 6 과 예수 그리스도의 생애

【 공생애 】

"주의 성령이 내게 임하셨으니 이는 가난한 자에게 복음을 전하게 하시려고 내게 기름을 부으시고
나를 보내사 포로 된 자에게 자유를, 눈 먼 자에게 다시 보게 함을 전파하며
눌린 자를 자유롭게 하고 주의 은혜의 해를 전파하게 하려 하심이라"(눅 4:18-19)

배워봅시다

1. (   )의 준비와 주님의 시험받으심

예수님의 사역에 대한 구체적인 준비는 세례 요한이라는 인물로부터 시작됩니다. 낙타털 옷을 입고 허리에 가죽 띠를 띠며, 메뚜기와 석청을 먹는 야성적인 이미지의 인물 세례 요한! "회개하라 천국이 가까이 왔느니라"(마 3:2)는 메시지를 선포하며 많은 사람들에게 세례를 베풀던 세례 요한은 신약시대의 첫 선지자요, 예수님의 공생애 시작을 준비하는 하나님의 사자였습니다. 광야에서 세례를 베풀던 그에게 때가 차매 예수님께서 다가오십니다. 그리고 요한에게 세례를 요청하십니다. 세례 요한은 화들짝 놀라며 세상의 구속주로 오신 분께서 왜 도리어 자신에게 세례를 받아야 하는지 반문합니다. 그러나 그는 곧이어 예수님께 세례를 베풀고 비로소 예수님의 공생애는 시작됩니다.

세례와 함께 공생애를 시작하는 또다른 중요한 사건은 예수님께서 광야로 나아가 금식기도를 하신 사건입니다. 유대 지역의 광야는 앞선 성경지리에서 잠시 살펴보았듯이 일종의 사막이라고 생각하면 됩니다. 온통 바위투성이며 수백 미터 이상의 절벽과 낭떠러지의 연속에 물 한 모금 찾을 수 없는, 그러면서도 저녁이면 들짐승들로부터 생명의 위협을 느껴야만 하는 그야말로 극한의 대지라 할 수 있는 곳입니다. 이스라엘 성지를 찾는 사람들 중에는 이 유대 광야를 지프차로 횡단하는 사람들이 있습니다. 하지만 이들 역시 노련한 가이드의 인도가 없을 때에는 아무리 현대적 장비와 도구를 갖추었다 할지라도 광야에서 생명의 위협을 느끼게 되며, 심지어는 사고로 죽는 경우가 허다하다고 합니다. 예수님께서 광야로 나아가신 것은, 그야말로 생명을 건 극한 상황으로 나아가신 것입니다.

광야로 나아가신 후 예수님께서는 사탄에게 세 가지 시험을 받으십니다. 첫 인류 아담은 마귀의 시험에 그대로 넘어갔지만, 예수님께서는 반대로 이 시험을 통과하십니다.

구분	아담의 시험	예수님의 시험
내용	1. 먹음직하고(육신의 정욕)	1. 이 돌들로 떡덩이가 되게 하라(마 4:3)
	2. 보암직하고(안목의 정욕)	2. 내게 엎드려 경배하면 이 모든 것을 네게 주리라(마 4:9)
	3. 지혜롭게 할 만큼 탐스럽기도 한 나무(이생의 자랑)	3. 뛰어 내리라 그의 사자들이 손으로 너를 받들 것이다(마 4:6)

결국 예수님께서는 아담의 패배를 승리로 바꾸셨습니다. 아담의 실패는 온 인류에게 죄악이라는 짐을 남겼지만, 예수님의 승리는 온 인류를 구원할 길을 여신 것입니다. 결국 예수님께서는 금식뿐만 아니라 시험을 이기심으로 장차 십자가에 달려 부활하실 영광을 미리 보이셨으며, 구세주로서 자신의 승리를 미리 예고하셨습니다. 예수님의 공생애는 승리로 시작되었습니다.

에피소드 한 가지

개인적인 이야기이지만, 필자는 세례 요한이 세례를 베풀던 요단 강 세례터를 찾은 적이 있다. 그때 함께 동행했던 한 사람이 그 세례터 강물을 기념이라며 페트병에 담았다. 그리고는 다음 날 일정을 마치고 숙소로 돌아온 후 갈증이 나서 냉장고에서 물을 찾아 시원하게 마셨다. 마시는 도중 무엇인가 잘못되었다는 것을 직감하였지만, 이미 때는 늦은 후였다. 세례터의 강물을 그냥 마셔버린 것이다. 문제는 세례터 강물이 무언가 말로 표현할 수 없는 오묘한 무지개 빛깔을 띤 화학물질과 비슷한… 그런 물이었다는 것이다. 결국 그는 배탈로 몇 일을 고생했고, 세례터의 요한이 머릿속에 아련하게 떠오르는 경험을 하게 되었다.

2. 예수님의 사역 – (   )과 (   )과 병자를 (   )

예수님의 사역 전반부는 주로 가버나움을 중심으로 갈릴리 지역에서 이루어집니다. 우선, 예수님께서는 제자들을 부르십니다. 일반적으로 예수님의 공생애 기간을 3년으로 추정하는데, 그것은 복음서에 등장하는 절기들을 중심으로 예수님의 사역 전반을 정리했을 때 대략 3년이라는 기간이 산출되기 때문입니다. 중요한 것은 이러한 예수님의 사역 전반부의 핵심 사역이 바로 제자들을 가르치신 일이라는 것입니다. 예수님은 자신이 십자가에 달리실 것을 알고 계셨기에, 이 사역을 계승하여 감당해 나갈 제자들을 키우시는데 주력하셨습니다. 이것은 지금까지도 중요한 기독교의 사역 원리로서 작용합니다. 제자들을 양육하는 것은, 주님 오실 그 날까지 이루어져야 할 사역인 것입니다.

이렇게 양육된 제자들과 함께 예수님께서는 팔레스타인 전역을 두루 다니시며 천국을 선포하십니다. 우리는 마태복음 5장 이하에 등장하는 산상수훈이라는 예수님의 설교를 기억할 수 있습니다. 예수님께서는 천국 백성으로서의 삶을 선포하셨고, 장차 어떠한 일이 다가오는지에 대해 말씀하셨습니다. 게다가 많은 유대인들, 특히 바리새인들과 율례와 구체적인 삶을 놓고 논쟁하시며 가르치셨습니다. 예수님께서는 제자들을 가르치셨고, 이와 동시에 천국을 선포하시며 비밀한 일들을 밝혀 나가셨습니다. 그러나 잊지 말아야 할 것은 산상수훈과 같은 예수님의 선포들이 오늘날을 살아가는 우리에게 너무나도 중요한 메시지로 적용되며 작용하고 있다는 것입니다. 이웃 사랑의 첫째 계명을 밝히 하신 일이라든지, 어린아이와 같아야 할 것들, 팔복의 의미들은 모두 지금 이 시대에 가장 적합한 복음의 메시지들이라고 할 수 있습니다.

여러분이 복음서를 읽어 나갈 때 가장 많이 등장하는 사건과 기사들은 바로 예수님께서 병자를 고치신 부분일 것입니다. 나면서 맹인된 사람을, 귀신들린 자를, 나사로를, 베드로의 장모를, 혈루증으로 고생하던 여인 등 일일이 열거하기조차 힘들 정도입니다. 당시 유대사회에서 가장 소외된 사람들은 바로 이러한 병으로 고생하는 사람들이었습니다. 이들은 단순히 질병뿐만 아니라 부정한 자로 사회에서 버림받은 자들이었기 때문에 예수님의 고치심은 더욱 의미가 있었습니다. 단순히 육신의 질병만 고치신 것이 아니라, 이들로 하여금 다른 이들과 같이 온전한 삶을 살 수 있는 길을 열어 주신 것입니다.

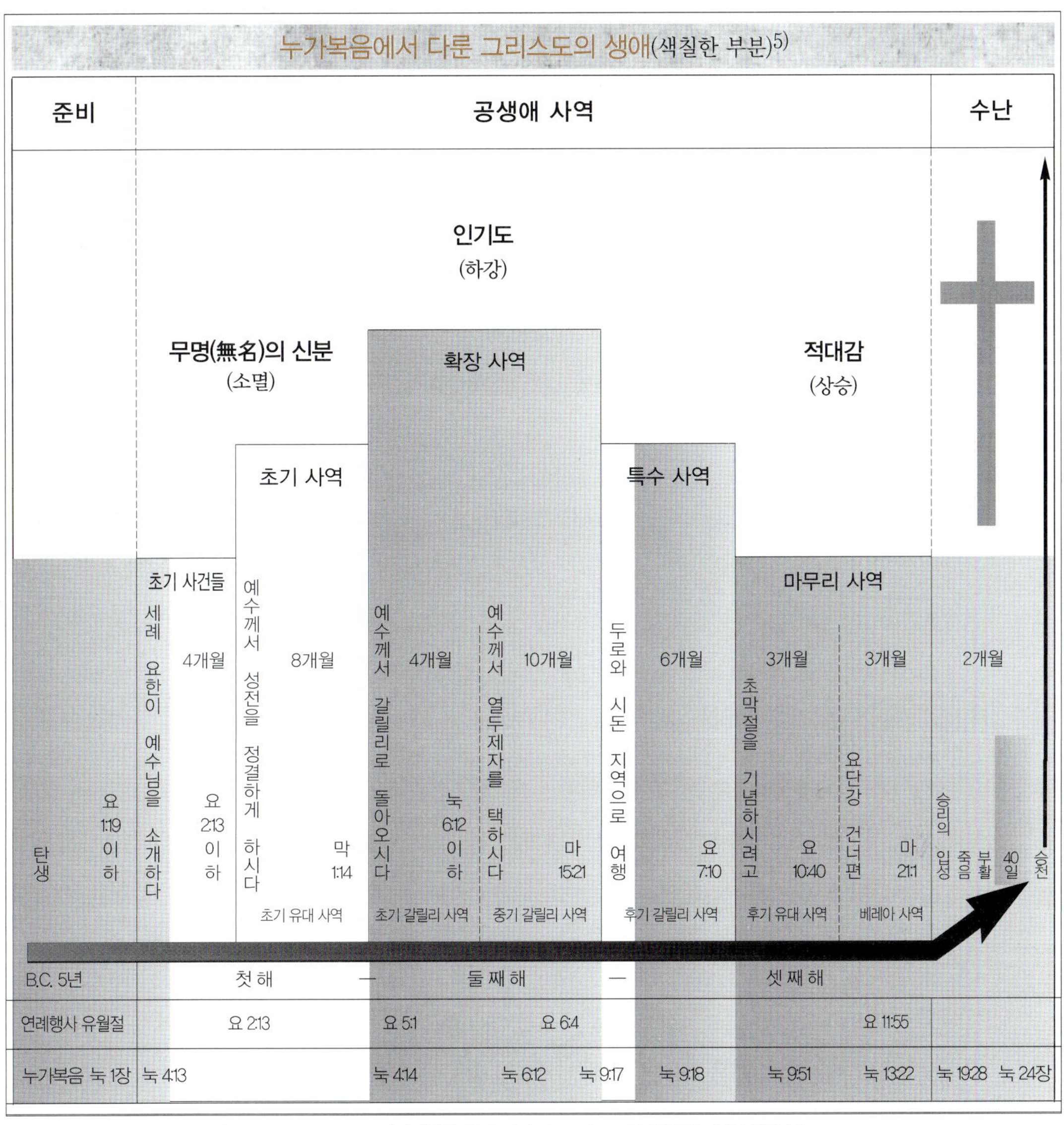

이 도표는 Luke: A Self-Study Guide(Chicago: Moody Press, 1970)에 수록된 것으로 저자 Irving L. Jensen의 허락하에 게재한 것입니다.

5)「프리셉트성경」, p.142-2.

복음서라는 이름의 책들

신약 성경이 한 권으로 엮어지기 이전인 초대교회에는 많은 복음서들이 사용되었는데 그 중에서 현재의 성경에 포함된 복음서는 오직 마태복음, 마가복음, 누가복음, 요한복음 뿐이다. 이 중에서 첫 번째 세 권을 우리는 흔히 공관복음서라고 부른다. 그런데 이 공관(共觀)이라는 명칭 때문에 같은 이야기가 반복되어 기록된 것으로 생각하는 약간의 오해가 있기도 하다. 그러면 무엇 때문에 같은 이야기를 반복했을까? 그것은 복음서라는 장르(Genre)에 관한 문제이다. 복음서는 본래 전기(傳記)라기보다는 초대교회의 신앙인들이 예수 그리스도에 관한 신앙을 고백하고 전파하기 위해 기록한 일종의 설교요, 신앙고백이라 할 수 있다. 만약 복음서가 역사나 자서전과 같은 목적으로 기록된 책이라면 이런 종류의 책을 네 권씩이나 중복해서 포함시킬 이유는 없었을 것이다. 복음서를 네 개씩이나 포함시킨 이유는 기독교 신앙을 위해 너무나도 중요한 예수님의 생애와 교훈, 그리고 그의 활동과 인격을 좀더 넓고 깊게 전파하기 위해 네 사람의 서로 다른 신앙적 증거와 서로 다른 형태의 설교를 제시하는데 있었을 것이다.

3. 사역의 절정 – (   )

사복음서를 살펴볼 때에 마태복음 21장, 마가복음 11장, 누가복음 19장, 요한복음 12장 이후 부분은 예수님의 예루살렘 입성과 더불어 십자가에 달리시기까지의 한 주간을 묘사한 부분이라 하겠습니다. 1주일이라는 시간을 3년이라는 기간과 비교할 때에는 매우 짧아 보이지만, 실제 성경에서는 그렇지 않아 보입니다. 마치, 10분간 벌어진 사건을 가지고 2시간 분량의 영화를 만들어 내는 것과 비슷하다고 하겠습니다. 이 한 주간의 사건을 요약하자면 다음과 같습니다.

요일	일요일	월요일	화요일	수요일	목요일	금요일	토요일	일요일
주요사건	예루살렘 입성	성전정화	향유사건, 유다배신 예언	기록없음	유월절 만찬, 잡히심, 재판, 베드로의 부인	빌라도의 재판, 십자가에 달려 돌아가심		부활, 제자들에게 나타나심

정리해봅시다

1. 예수님의 시험과 아담의 시험을 비교하여 다음 표를 완성해보십시오.

구분	아담의 시험	예수님의 시험
내용	1. 먹음직하고(육신의 정욕)	
	2. 보암직하고(안목의 정욕)	
	3. 지혜롭게 할 만큼 탐스럽기도 한 나무(이생의 자랑)	

2. 예수님의 사역은 크게 ( )과 ( )과 병자를 ( )의 세 부분으로 구분될 수 있습니다.

3. 고난 주간에 있었던 일련의 사건들을 여러분의 머릿속에 그려보시고, 그 구체적인 진행을 사람들에게 설명해보십시오.

요일	일요일	월요일	화요일	수요일	목요일	금요일	토요일	일요일
주요사건								

제 7 과 예수 그리스도의 생애

【 죽음과 부활 】

"예수는 우리가 범죄한 것 때문에 내줌이 되고
또한 우리를 의롭다 하시기 위하여 살아나셨느니라"(롬 4:25)

배워봅시다

예수님은 그의 생애를 통해 (　　　　　　)하시며 인도하시는 (　　　　　　)을 보여 주셨습니다. 그리고 이러한 하나님의 사랑은 십자가 위에서 일어난 예수님의 죽음을 통해 더욱 분명히 드러났습니다. 결국 예수님께서 이 땅에 오신 것은 죽음까지도 불사하시는 뜨거운 사랑의 실천이었던 것입니다. 이 부분에 대한 성경의 증언을 살펴보겠습니다.

마태복음 20:28
인자가 온 것은 섬김을 받으려 함이 아니라 도리어 섬기려 하고 자기 목숨을 많은 사람의 대속물로 주려 함이니라

구약에서는 예수님의 고난과 죽음을 무엇이라고 예언했습니까? 아래의 말씀을 보고 적어보십시오.

이사야 53:1-12
1우리가 전한 것을 누가 믿었느냐 여호와의 팔이 누구에게 나타났느냐 2그는 주 앞에
서 자라나기를 연한 순 같고 마른 땅에서 나온 뿌리 같아서 고운 모양도 없고 풍채도
없은즉 우리가 보기에 흠모할 만한 아름다운 것이 없도다 3그는 멸시를 받아 사람들에
게 버림 받았으며 간고를 많이 겪었으며 질고를 아는 자라 마치 사람들이 그에게서 얼
굴을 가리는 것 같이 멸시를 당하였고 우리도 그를 귀히 여기지 아니하였도다 4그는
실로 우리의 질고를 지고 우리의 슬픔을 당하였거늘 우리는 생각하기를 그는 징벌을
받아 하나님께 맞으며 고난을 당한다 하였노라 5그가 찔림은 우리의 허물 때문이요 그
가 상함은 우리의 죄악 때문이라 그가 징계를 받으므로 우리는 평화를 누리고 그가 채
찍에 맞으므로 우리는 나음을 받았도다 6우리는 다 양 같아서 그릇 행하여 각기 제 길
로 갔거늘 여호와께서는 우리 모두의 죄악을 그에게 담당시키셨도다 7그가 곤욕을 당
하여 괴로울 때에도 그의 입을 열지 아니하였음이여 마치 도수장으로 끌려 가는 어린
양과 털 깎는 자 앞에서 잠잠한 양 같이 그의 입을 열지 아니하였도다 8그는 곤욕과 심
문을 당하고 끌려 갔으나 그 세대 중에 누가 생각하기를 그가 살아 있는 자들의 땅에서
끊어짐은 마땅히 형벌 받을 내 백성의 허물 때문이라 하였으리요 9그는 강포를 행하지

아니하였고 그의 입에 거짓이 없었으나 그의 무덤이 악인들과 함께 있었으며 그가 죽
은 후에 부자와 함께 있었도다 10여호와께서 그에게 상함을 받게 하시기를 원하사 질
고를 당하게 하셨은즉 그의 영혼을 속건제물로 드리기에 이르면 그가 씨를 보게 되며
그의 날은 길 것이요 또 그의 손으로 여호와께서 기뻐하시는 뜻을 성취하리로다 11그
가 자기 영혼의 수고한 것을 보고 만족하게 여길 것이라 나의 의로운 종이 자기 지식으
로 많은 사람을 의롭게 하며 또 그들의 죄악을 친히 담당하리로다 12그러므로 내가 그
에게 존귀한 자와 함께 몫을 받게 하며 강한 자와 함께 탈취한 것을 나누게 하리니 이
는 그가 자기 영혼을 버려 사망에 이르게 하며 범죄자 중 하나로 헤아림을 받았음이니
라 그러나 그가 많은 사람의 죄를 담당하며 범죄자를 위하여 기도하였느니라

1. 십자가에 달리심

사실, 예수 그리스도의 죽음은 너무나도 어처구니 없는 불법의 연속이었습니다. 거짓 증인, 원칙을 무시한 절차, 총독 빌라도조차 발견하지 못한 죄목…. 사실상 예수님을 배척하려는 유대인들과 무지한 다수의 군중에 의해서 예수님께서는 억울하게 돌아가셨습니다. 신약 성경의 사회적 배경에도 나와있듯이 당시 유대사회는 종교가 사회를 지배하는 사회체계를 이루고 있었습니다. 유력한 대제사장들은 로마 총독의 묵인하에 실질적인 지배권을 유지하고 있었으며, 사람을 살리고 죽이는 재판권까지 가지고 있었습니다.

예수님을 죽이기로 모의한 유대인들은 저녁시간에 기습적으로, 그것도 유월절 절기가 끝나지 않은 상황에서 겟세마네 동산에 계신 예수님을 잡아들입니다. 그리고 자신들의 최고 재판기구인 산헤드린 공회에 예수님을 즉각적으로 기소합니다. 그러나 이 산헤드린 공회가 확인할 수 있었던 유일한 예수님의 죄목은 자신이 그리스도임을 인정한 신성 모독의 죄뿐이었습니다(막 14:53–65).

밤이 지나 이들은 사형을 집행하기 위해 로마총독 빌라도의 관저로 예수님을 끌고 갔습니다. 예수님께서 십자가에 달리신다는 사실은 유대 전역으로 알려질 시간적인 여유조차 없었습니다. 이러한 상황을 미루어 볼 때 얼마나 다급한 상황이었는지 이해할 수 있습니다.

빌라도 앞에 선 예수님은 담담하게 자신을 변호하셨고, 빌라도 역시 실질적인 죄목을

발견하지 못합니다. 그러나 성난 유대 군중의 민란을 우려한 빌라도는 비겁하게도 자신의 책임을 유대인들에게 떠넘긴 채 바라바 대신 예수님을 십자가에 달 것을 명합니다. 결국 그는 사도신경에 매번 등장하는 역사적인 치욕을 당하게 됩니다(마 27:24; 눅 23:4 참조). 그리고 예수님께서는 골고다 언덕으로 끌려가셔서 십자가 위에서 그 유명한 일곱 마디를 남기신 채 돌아가십니다.

십자가의 길(Via Dolorosa)

'Via Dolorosa'는 'The Street of Sorrows / The Way of the Cross / Stations of the Cross / The Way of Sorrows' 등의 여러 영어로 번역됩니다. '슬픔의 길'이라는 뜻으로, 예수님께서 십자가 형을 받기 위해 십자가를 지고 골고다로 향하던 그 길을 말합니다. 다음의 찬양 가사를 음미해보십시오.

슬픔의 길(VIA DOLOROSA)

(Words and Music by Billy Sprague and Niles Borop)

(Sung by Sandi Patty in Spanish & English, 1983)

[류주환 역]

예루살렘 슬픔의 길에서, 그 날 병사들이
그 좁은 길을 지나가려고 애쓰고 있었지요.
하지만 군중들은 갈보리 산 위에서 처형 언도를 받은
한 사람을 보려고 서로 밀쳐대고 있었지요.

그는 채찍질을 받아 피를 흘리고 있었지요 – 그의 등에는
자국이 가득 나 있었지요. 머리에는 가시 면류관을 쓰고 있었고
발자국을 떼어 놓을 때마다 죽이라고 외치는 사람들의
조롱 소리를 들어야 했지요.

'고난의 길'이라 불리는 그 슬픔의 길로
어린 양처럼 왕 되신 메시야 그리스도께서 오셨지요.
하지만 그분은 사랑으로 그 길을 걸어가시기를 선택하셨지요.
그대와 나를 위해, 슬픔의 길을 지나 갈보리까지.

모든 인간들의 영혼을 깨끗게 하실 그 피는
예루살렘의 중심을 지나 나아갔지요.

'고난의 길'이라 불리는 그 슬픔의 길로
어린 양처럼 왕 되신 메시야 그리스도께서 오셨지요.
하지만 그분은 사랑으로 그 길을 걸어가시기를 선택하셨지요,
그대와 나를 위해, 슬픔의 길을 지나 갈보리까지.

2. 부활하심

예수님께서 십자가에서 죽으신 것은 죄로 인해 하나님과 원수가 된 우리에게 구원의 길을 열어 주시기 위함입니다(롬 5:8, 10; 고후 5:21; 벧후 3:18; 요일 4:9–10).
예수님은 십자가에서 돌아가셨습니다. 그러나 그분은 다시 부활하셨습니다. 자신이 미리 예언한 것처럼(마 16:21), 사망 권세와 음부의 권세를 이기시고 영광의 부활, 승리의 부활을 이루신 것입니다. 부활하신 예수님께서는 게바(베드로), 열두제자, 500여 명의 제자들, 야고보, 모든 사도, 바울 등에게 나타나셨으며 지금도 살아서 역사하십니다(눅 9:22; 행 2:31–32, 4:18–20; 고전 15:3–8).

예수님처럼 죽음을 정복하고 무덤에서 부활한 사람은 아무도 없습니다. 세상의 모든 종교 창시자들은 다 죽었습니다. 불교의 부처도 죽었고, 힌두교의 브라마신도 죽었으며, 마호메트도 죽었고, 공자도 죽었습니다. 그들의 몸은 썩은지 오래 되었고, 다만 그들이 죽어서 누워 있는 무덤만을 성지라고 자랑합니다. 그러나 성경은 분명히 예수 그리스도만은 무덤에서 부활하셨다고 말씀합니다. 그리고 지금도 살아계셔서 역사하신다고 말씀합니다. 이것이 바로 우리의 신앙 골격입니다.

예수님의 부활이 분명한 역사적 사실인 성경적 근거는 무엇입니까?

1.

2.

부활의 확실성과 그 의미

예수 그리스도의 부활은 많은 증거를 가진 역사적 사실이며, 세계 역사에 있어서 가장 중요한 사건이다. 부활은 이미 예수 탄생 1000년 전에 다윗을 통해 예언된 것이었으며, 예수 그리스도 자신이 예언한 바 있고 열한 사도가 증거하였으며 바울이 보았고 또 500여 명이 일시에 부활하신 예수님을 목격하였다. 특히 바울은 부활하신 예수 그리스도를 목격하고 난 후에 복음 전파를 위해 그의 일생을 바쳤고, 예수님의 제자들도 이 사건을 계기로 완전히 달라졌다. 예수님의 부활 이후 제자들에게 나타난 담대한 모습은 제자들이 분명히 예수님의 부활을 목격하였음을 뒷받침하는 증거가 된다. 우리는 비록 부활을 직접 목격하지는 못했지만, 성경의 증거를 통해 이를 분명하게 믿을 수 있다.

· 예수님의 부활을 역사적 사실로 믿지 않는 사람들이 주장하는 내용

1) 허위설(제자 도난설): 제자들이 무덤에서 예수님의 시체를 도적질하고는 예수님의 빈 무덤을 근거로 예수님의 부활을 주장했다는 내용
   - 심약한 제자들이 적대자들로 가득 찬 세상을 향해 목숨 걸고 거짓말을 전파한다는 것은 불가능한 일입니다.

2) 기절설: 예수님께서 진짜로 죽은 것이 아니라 단지 기절하였을 뿐이라는 주장
   - 수많은 사람들이 그의 죽음을 보았고 로마 병정들이 창으로 찌른 것을 어떻게 설명할 수 있으며, 만약 죽지 않았다고 해도 탈진한 예수님이 어떻게 그 큰 무덤 입구의 바위를 굴려 엠마오까지 갈 수 있었겠습니까?

3) **환상설**: 제자들이 흥분된 심리 상태에서 예수님의 돌아오심을 너무나 골똘히 생각한 나머지 그를 보았다는 상상을 하게 되었고, 이를 실제로 믿게 되었다는 내용
   – 제자들은 예수님의 부활을 믿지 않고 있었습니다. 그래서 그들은 자신들의 생업으로 돌아가기도 했었습니다. 기대하지도 않았는데, 과연 그러한 일이 일어날 수 있을지... 또 이런 주관적 환상이 동시 다발적으로 일어날 수 있다고 생각합니까?

※ 이 외에도 여러 설들이 있으나 이들 모두가 상식적으로 받아들이기 어려운 억측입니다.

그리스도의 부활을 믿는 신앙은 우리 역시 그분과 같이 부활할 수 있다는 소망을 갖게 합니다. 따라서 부활신앙은 우리의 삶의 목적과 방향을 완전히 변화시킬 수 있는 능력을 가지고 있습니다(롬 6:4–5). 예수님께서 우리를 위해 죽으신 후에 다시 살아나지 못하셨다면 우리에게는 어떤 문제가 발생할지 생각해보십시오. 그리스도의 부활이 없다면, 우리의 모든 신앙은 그 존재 기반이 사라지는 것입니다. 즉, 여전히 죄악의 문제를 해결하지 못하는 비극적인 삶을 살아가게 되는 것입니다(고전 15:14–19). 예수님의 부활은 세상사 가운데 가장 의미 있는 사건입니다.

로마서 1:4
성결의 영으로는 죽은 자들 가운데서 부활하사 능력으로 하나님의 아들로 선포되셨으니 곧 우리 주 예수 그리스도시니라

로마서 4:25
예수는 우리가 범죄한 것 때문에 내줌이 되고 또한 우리를 의롭다 하시기 위하여 살아나셨느니라

3. 승천

예수님께서는 육신을 입고 부활하신 채로 40일간 8번 나타나십니다. 주님의 부활은 영 · 혼 · 육의 완벽한 부활이었습니다. 부활하신 채로 생선을 드신 것은 바로 이러한 부분을 입증합니다. 그리고 40일이 지나자 주님께서는 드디어 승천하십니다. 2000년의 시공을 가로질러 오늘날의 우리에게 찾아오실 수 있었던 것은 바로 이 승천하심 때문입니다. 즉, 당시 사람들에게는 이별이었으나 우리에게는 '만남'이 된 것입니다.

정리해봅시다

1. 예수 그리스도는 참 (　　　)이시며, 또한 참 (　　　)이십니다.

2. 예수 그리스도의 부활이 역사적 사실이라는 성경적 근거를 아래에 정리하고 함께 나눠보십시오.

   1) ....

   ....

   2) ....

   ....

3. 예수 그리스도는 이 세상에서 완전한 삶을 사셨으며, 이 세상의 (　　　) 때문에 (　　　)에서 죽으셨습니다.

4. 예수님은 육신을 입고 부활하셔서 (　　)일간 (　　)번 나타나십니다. 주님의 부활은 (　　　　)의 완전한 부활입니다. 예수 그리스도는 다시 살아나셨습니다. 예수 그리스도를 믿게 될 때 여러분 자신이 변하고 이 세상도 변하게 됩니다.

제 8 과 교회시대

【 교회의 시작 】

"오직 성령이 너희에게 임하시면 너희가 권능을 받고
예루살렘과 온 유대와 사마리아와 땅 끝까지 이르러 내 증인이 되리라"(행 1:8)

배워봅시다

1. 교회의 탄생 – (   )

예수님의 승천 이후 '성령 강림' 사건이 발생합니다. 오순절(순은 열흘을 의미하는 한자어로, 유월절 이후 50일이 지난 절기를 말함)에 이르러 마가의 다락방에는 120명의 성도들이 함께 모입니다. 이때 하늘에서 홀연히 강하고 급한 바람 같은 소리가 나며 불의 혀같이 갈라지는 것이 보이면서 성령 강림이 이루어집니다. 이들은 즉각 나아가 각기 여러 나라 말, 즉 방언으로 그리스도의 복음을 담대하게 선포합니다. 이것은 바로 신약교회의 첫 출발이 된 것입니다. 주님의 승천 시 명령이었던 "오직 성령이 너희에게 임하시면 너희가 권능을 받고 예루살렘과 온 유대와 사마리아와 땅 끝까지 이르러 내 증인이 되리라"(행 1:8)의 첫 시작이었던 것입니다. 이들은 성령의 인도하심 아래 그 권능을 통해 복음을 증거하는 공동체였습니다. 이것이 바로 교회의 시작이요, 본질입니다.

2. 교회의 성장 – (   )

성령 강림 직후 교회는 엄청난 성장을 경험하게 됩니다. 사도행전의 앞 부분을 찬란하게 장식하는 수많은 이적과 승리의 이야기가 바로 교회의 첫 시작이었습니다. 사도 베드로의 한 번의 선포로 3000명, 5000명이 나아오는 엄청난 이적을 경험하게 됩니다. 그리고 이와 더불어 우리가 흔히 초대교회라고 부르는 교회 모습이 틀을 잡아가게 됩니다. 함께 교제하며 가르치고 기도와 예배가 어우러지는 동시에 능력과 기사가 살아 있는 공동체가 형성된 것입니다. 베드로와 요한은 성전 미문의 나면서 못 걷게 된 이를 "은과 금은 내게 없거니와 내게 있는 이것을 네게 주노니 나사렛 예수 그리스도의 이름으로 일어나 걸으라"(행 3:6)고 말하며 일으켜 세우기도 합니다. 또한 아나니아와 삽비라의 사건은 사도들의 권능을 잘 보여주는 사건이라 할 수 있습니다. 그야말로 초대교회는 거칠 것 없이 성장하게 됩니다. 그리고 일곱 집사를 임명함으로 그 틀을 완전히 갖추게 됩니다.

일곱 집사의 이름을 적어보십시오.

사도행전 6:1–6
[1]그 때에 제자가 더 많아졌는데 헬라파 유대인들이 자기의 과부들이 매일의 구제에 빠
지므로 히브리파 사람을 원망하니 [2]열두 사도가 모든 제자를 불러 이르되 우리가 하
나님의 말씀을 제쳐 놓고 접대를 일삼는 것이 마땅하지 아니하니 [3]형제들아 너희 가
운데서 성령과 지혜가 충만하여 칭찬 받는 사람 일곱을 택하라 우리가 이 일을 그들에
게 맡기고 [4]우리는 오로지 기도하는 일과 말씀 사역에 힘쓰리라 하니 [5]온 무리가 이
말을 기뻐하여 믿음과 성령이 충만한 사람 스데반과 또 빌립과 브로고로와 니가노르
와 디몬과 바메나와 유대교에 입교했던 안디옥 사람 니골라를 택하여 [6]사도들 앞에
세우니 사도들이 기도하고 그들에게 안수하니라

---

3. 시련과 고난의 시작 – (   )

그러나 갓 태어난 아기와도 같은 교회에 엄청난 시련이 찾아오게 됩니다. 그 대표적인 사건은 바로 스데반 집사의 순교 사건입니다. 사도들은 복음을 전한다는 이유로 옥에 갇혔으나 하나님께서는 그들을 구하셨고, 그들은 계속해서 회개의 메시지를 선포했습니다. 이런 상황 속에서 일곱 집사의 한 사람이었던 스데반은 담대히 복음을 증거하다가 예수님처럼 체포되어 산헤드린 공회 앞에 서게 됩니다. 사람들은 예수님이 거짓 증언 때문에 사형언도를 받으신 것과 똑같이 거짓 증인들을 내세우고 율법을 거스르며 성전을 무너뜨린다는 예수님의 죄목을 스데반에게도 적용하려 했습니다. 그때 스데반은 담대하게 하나님의 말씀을 선포하였고, 그 결과 격분한 군중들에 의해 돌로 쳐죽임을 당합니다.

4. 흩어지는 교회 – (   )

스데반의 죽음은 예루살렘의 교인들을 사마리아와 지중해 전역의 유대 디아스포라 사회로 흩어지게 만드는 결과를 가져옵니다. 역설적이지만, 하나님께서는 스데반의 죽음과 핍박을 통해 오히려 교회가 사방으로 확장되는 놀라운 결과를 이끌어 내셨습니다. 예수님의 "사마리아와 땅 끝까지 이르러 내 증인이 되리라"는 명령에 즉각적으

로 순종하지 않았던 제자들이 오히려 핍박을 통해 순종하며 나아가게 된 것입니다. 이제 교회는 지중해 연안 전역으로 퍼져나가며 놀라운 선교의 시대에 한발짝 더 나아가게 됩니다.

5. 교회의 확장과 (   )의 등장

흩어진 기독교인들은 단순히 몸을 피하는 데만 그치지 않고 담대하게 복음을 전파하기 시작했습니다. 그 대표적인 경우가 빌립의 사마리아 전도입니다. 사실, 사마리아라는 지역은 복음 전파가 쉽지 않은 지역이었습니다. 뿌리 깊은 편견으로 인해 갈등의 골이 깊었기 때문입니다('사마리아인에 대한 이해' 참조). 그러나 마술사 시몬을 굴복시키는 권능을 보이며 에디오피아의 내시에게 복음을 선포하는 빌립의 모습 속에서는 이러한 편견을 전혀 찾아볼 수 없습니다. 이 모습은 이제 세계 선교의 시대가 도래 했음을 알리는 일종의 전초전과 같은 것이었습니다. 예수님께서 사마리아 여인을 찾으신 이후 다시금 사마리아를 시작으로 땅 끝까지 이르는 복음 전파 사역이 본격적으로 시작된 것이기 때문입니다.

사마리아인에 대한 이해

앗수르 왕 사르곤 2세가 B.C. 722년에 사마리아 지방 사람들을 잡아가고 이 지역에 이방 지역 사람들을 거주시키면서 사마리아에는 혼혈족의 성격을 띤 사람들이 생기기 시작했다. 이로 인해 사마리아 유대인과 예루살렘 정통파 유대인 간에는 틈이 생겼다. 그리고 페르시아 시대에 와서 느헤미야가 예루살렘을 다시 재건할 때 사마리아인들을 배제시키고, 사마리아인들은 총독 산발랏을 중심으로 성전건축을 방해하면서 그들의 관계는 극도로 나빠졌다. 그 이후 사마리아인들은 예루살렘 성전에 헌물, 우양이나 부동산 취득, 유대인과의 혼인 등을 금했다.

그런데 이때 즈음해서 성경에는 놀라운 인물이 한 명 등장합니다. 스데반의 죽음과정에서 슬쩍 등장했던 사울이라는 청년이 이제는 사도행전 후반부의 주인공으로 등장하게 된 것입니다. 사울의 등장은 매우 극적이었습니다. 다메섹으로 그리스도인들을 잡아 죽이기 위해 떠난 청년 사울이 길을 가던 중 홀연한 빛을 통해 그리스도를 만나게 된 것입니다. 성경 어디를 찾아봐도 이보다 더 극적인 만남과 변화는 없을 것입니다. 사울은 아나니아를 통해 안수를 받게 되고, 이제 새로운 이방 선교의 기수로 떠오르게 됩니다.

회심 이후 바울의 생애에 있었던 일련의 사건들*[6)]

* 아래에 표시된 연대에 대하여 다른 견해가 주장되기도 한다. 그러나 일관성을 위해서 이 도표가 바울의 생애에 해당되는 연대의 기초가 될 것이다.

연도(A.D.)	사 건
33–34년	회심, 다메섹에서의 시간.
35–47년	몇 년간 침묵의 시기였으며 다음의 사항만 알려져 있다. 1. 아라비아와 다메섹에서 시간을 보냈다. 2. 예루살렘을 1차 방문했다. 3. 수리아–길리기아 지방의 다소에 갔었다. 4. 안디옥에서 바나바와 함께 있었다. 5. 바나바와 함께 유대에 있는 형제들에게 구제헌금을 전달했다(바울의 예루살렘 2차 방문). 6. 안디옥으로 돌아왔다. 그리고 안디옥교회에서 바나바와 함께 선교사로 파송되었다.
47–48년	**제1차 전도 여행:** 갈라디아서를 기록(?)
49년	예루살렘 사도회의: 바울이 예루살렘을 방문(사도행전 15장과 갈라디아서 2:1을 비교해 보라).
49–51년	**제2차 전도 여행:** 데살로니가전 · 후서 기록.
52–56년	**제3차 전도 여행:** 고린도전 · 후서와 로마서 기록.
56년	바울이 예루살렘에 가서 체포됨: 가이사랴에 투옥됨.
57–59년	벨릭스와 드루실라, 베스도, 아그립바 왕 앞에 서게 됨.
59–60년	가이사에게 호소함. 가이사랴에서 로마로 호송됨.
60–62년	첫 번째 로마투옥: **에베소서, 빌레몬서, 골로새서, 빌립보서 등이 기록됨.**
62년	바울이 석방됨. 서바나로 여행이 가능해짐.
62년	마게도냐에서의 바울: **디모데전서 기록.**
62년	바울이 그레데를 방문함: **디도서 기록.**
63–64년	바울이 로마로 호송되어 투옥됨: **디모데후서 기록.**
64년	바울이 몸을 떠나 주님과 함께 거함. *(어떤 이들은 바울의 회심이 A.D. 35년 경이며, 그의 죽음이 A.D. 68년이라고 주장한다.)*

6) 「프리셉트성경」, p.201.

정리해봅시다

1. 초대교회의 모습을 살펴보며, 그것을 통해 교회의 본질에 대해 함께 나눠보십시오.

2. 교회의 성장은 시련과 고난의 연속이었습니다. 여러분의 교회나 혹은 주변 교회에 이러한 시련의 모습이 있다면 어떤 부분이었는지 함께 나누고, 나아가 이러한 어려움을 어떻게 극복해야 할지에 대해 서로 이야기해보십시오.

3. 오순절 성령 강림 이후 사도행전 6장의 내용까지를 중심으로 초대교회의 연혁을 시간 순서에 따라 정리해보십시오.
   1)
   2)
   3)
   4)
   5)

제 9 과 교회시대

【 이방 선교 】

"그 날 밤에 주께서 바울 곁에 서서 이르시되 담대하라 네가 예루살렘에서 나의 일을 증언한 것 같이 로마에서도 증언하여야 하리라 하시니라"(행 23:11)

배워봅시다

· 이방 선교의 시작 – (   )

빌립의 사마리아 선교에도 불구하고, 유대인이었던 사도들에게 있어 이방인에게 선교한다는 것은 여전히 받아들이기 힘든 예수님의 명령이었습니다. 구약시대부터 유대인들에게 있어서 이방인이라 함은 하나님과 반대되는, 그야말로 절대 악의 개념으로 이해되었기 때문입니다. 이때 베드로에게 꿈을 통해 놀라운 계시가 임합니다. 꿈속에서 부정한 음식을 먹으라는 하나님의 명령을 통해 베드로는 이방 선교가 하나님의 뜻임을 깨닫게 되고, 고넬료를 통해 이방 선교를 시작하게 됩니다. 하지만 사마리아의 빌립의 활발한 선교활동 등에도 불구하고 유대사회에 뿌리 깊이 박혀 있는 유대교가 여전히 기독교를 거부하고 있었기에 이방 선교는 너무나 멀게 느껴졌습니다.

그런데 이때 예루살렘에서 북서쪽으로 약 480km 떨어져 있는 시리아의 안디옥에 최초의 이방교회가 세워졌다는 놀라운 소식이 전해집니다. 이방 지역인 안디옥에 교회가 세워졌다는 기적 같은 소식을 알아보기 위해 파송받은 바나바는 바울을 찾아 안디옥으로 데려와 그와 함께 안디옥 교인들을 1년간 가르치게 됩니다. 이후 이들은 처음으로 그리스도인이라는 칭호로 불려지게 되었고, 오히려 흉년으로 고통받는 예루살렘교회에 물질적인 도움을 줍니다. 박해와 하나님의 능력이 안디옥교회를 자생적으로 설립하게 만들었고, 제자들이 이방인들에게 복음을 전파하지 않으면 안 되게 만들었던 것입니다.

· 이방 선교의 주역 – (   )

바울은 베냐민 지파의 사람으로 순수한 히브리인의 혈통을 이어 받은 사람이었습니다. 그러나 그의 부모가 로마의 식민지인 길리기아주의 수도 '다소'에서 살았기 때문에 그는 그곳에서 출생하여 성장했습니다. 소위 디아스포라라고 불리었던 '흩어진 유대인'의 자녀로 태어난 것입니다. 그 당시 다소(Tarsus)는 헬라 문화에 젖은 대학 도시였습니다. 바울은 그곳에서 최고의 학문을 닦고, 다시 예루살렘으로 올라가서 율법의 대가인 '가말리엘' 문하에서 율법(Torah)을 전공합니다(행 22:3). 그는 태어나면서부터 로마의 시민권(행 22:28)을 가진 자였고, 바리새인의 자존심을 가지고 자랐습니다. 그리고 후에는 산헤드린 공의회의 의원이 되었습니다. 이러한 배경들을 볼 때 그의 가정은 상당히 유복한 가정이었던 것으로 생각됩니다. 이와 같이 바울은 유대의 종교, 이방의 학문과 풍속, 로마의 관리 등 당시의 모든 조화 속에서 자라나 후일 '이방인의 사도'로서 로마 천지를 두루 다니며 복음을 전파할 바탕을 마련한 것입니다.

1. 사도 바울의 첫 번째 전도 여행 (   )

이제 사도행전의 초점은 유대인의 사도인 베드로에서 이방인의 사도인 바울에게로 옮겨갑니다. 그리고 교회는 하나님의 강권적 역사에 의해 예루살렘이라는 지리적 한계를 뛰어넘지 않으면 안 될 상황에 이르게 됩니다. 안디옥에서 바울과 바나바는 성령에 의해 따로 세움을 받고 교회에서 파송받아 갈라디아 지방의 여러 도시들(버가, 비시디아의 안디옥, 이고니온, 루스드라, 더베)을 중심으로 하는 제1차 전도 여행을 떠납니다. 바울이 계속해서 유대인들에게 증거하고는 있었지만, 그의 사역은 점차로 이방인들을 향하고 있었습니다. 이 첫 번째 전도 여행은 바울이 근본적으로 이방인의 사도로 세움받았다는 사실을 분명하게 해주는 계기가 됩니다.

· 1차 전도 여행 경로

바울의 첫 번째 전도 여행은 구브로 섬을 지나(행 13:4–12), 비시디아 안디옥에서의 전도(행 13:13–52)와 이고니온과 루스드라의 전도(행 14:1–18)순으로 이루어집니다. 중요한 것은 복음 전파의 주 대상이 유대인에서 이방인으로 넘어갔다는 사실입니다.

이 과정을 통해 많은 사람들이 복음을 받아들였지만 거부하기도 했습니다. 바울은 안디옥에서 돌아오자마자 하나님의 능력에 의한 역사와 이방인들이 믿음으로 보인 반응에 대해 보고 합니다. 비록 예루살렘이라는 지리적인 제한은 철폐되었지만, 종교적인 제한은 그렇지 못했습니다.

누가는 사도행전 15장에서 49년에 개최된 '예루살렘 종교회의'(이방인이 구원받기 위해서는 할례를 받고 유대인이 되어야만 하는가에 대한 논쟁)를 기록하고 있습니다.

당시 예루살렘교회는 유대주의를 옹호하는 예수님의 형제 야고보(야고보서의 저자)가 교회의 핵심 지도자로 활동하고 있었습니다. 따라서 할례와 율법에 관한 논쟁이 바울의 의도대로 통과되기는 어려운 상황이었습니다. 그러나 앞서 살폈듯이 하나님께서는 베드로를 통해 이방 선교를 직접 계시하셨고, 베드로는 이 체험을 고백함으로써 구원은 곧 오직 그리스도를 믿음으로서만 가능하며 구원받기 위해 '유대인'이 되어야 할 필요는 없다는 결론이 내려지게 됩니다. 그러므로 '예루살렘 종교회의'는 이방 선교를 위한 중요한 획을 긋는 사건이라 할 수 있습니다.

바울의 1차 전도 여행 경로를 표시해보십시오.

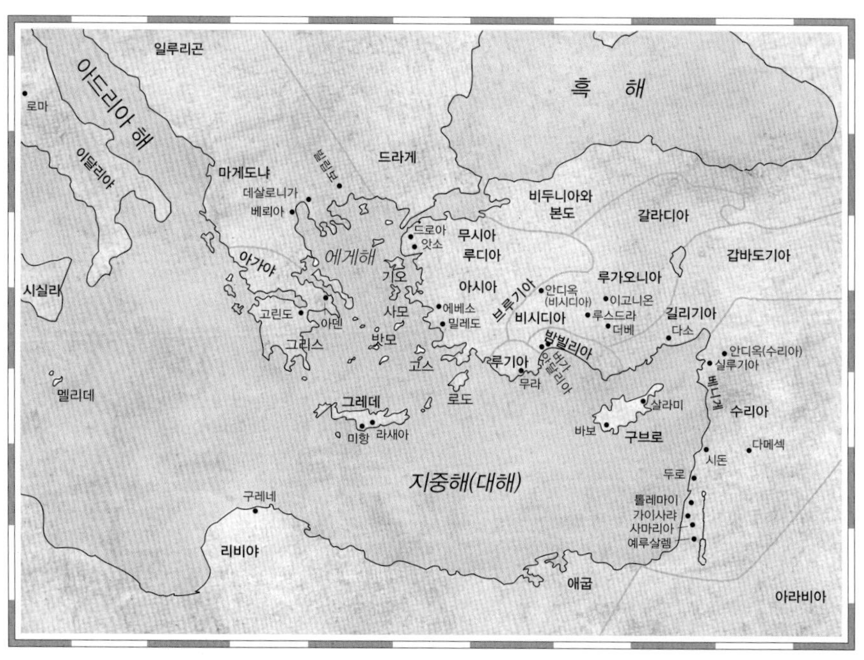

2. 바울의 두 번째 전도 여행 (　　　　　　　　　　　　　　)

안디옥에서 한동안 말씀을 가르치고 전파한 후, 바울과 바나바는 제2차 전도 여행을 떠나게 됩니다. 그러나 마가 요한의 문제로 바울은 자신의 여행 파트너를 바나바에서 실라로 바꾸어 두 번째 전도 여행을 시작합니다. 바울은 원래 아시아로 가려는 계획을 세웠으나 자신의 계획과는 달리 하나님으로부터 마게도냐와 헬라, 유럽의 변방까지 가라는 계시를 받게 됩니다. 바울은 여기에 순종하여 목적지를 바꾸어 빌립보, 데살로니가, 베뢰아 및 아덴 지역을 중심으로 복음을 선포합니다. 바울은 당시 최고의 문화적 번영을 누리던 그리스의 아덴(아테네)에서 헬라 사람들을 상대로 논쟁을 벌이며 복음을 선포하기도 합니다. 이 두 번째 여행의 마지막 도착지는 헬라의 '고린도'였습니다. 비록 여행 과정 중에 수많은 핍박이 따르기는 했지만, 이 여행을 통해 복음을 널리 확장시키며 유럽 선교의 기초를 쌓는 놀라운 일을 해냈습니다.

· 2차 전도 여행 경로

제2차 전도 여행은 안디옥에서 루스드라(행 15:40–16:5)로, 루스드라에서 드로아(행 16:6–10)로, 그리고 마게도냐 전도(행 16:11–17:15)와 아가야 전도(행 17:16–18:17)로 진행되었습니다. 그리고 전도 여행에서 귀환(행 18:18–22)하는 것으로 구성되어 있습니다.

바울의 2차 전도 여행 경로를 표시해보십시오.

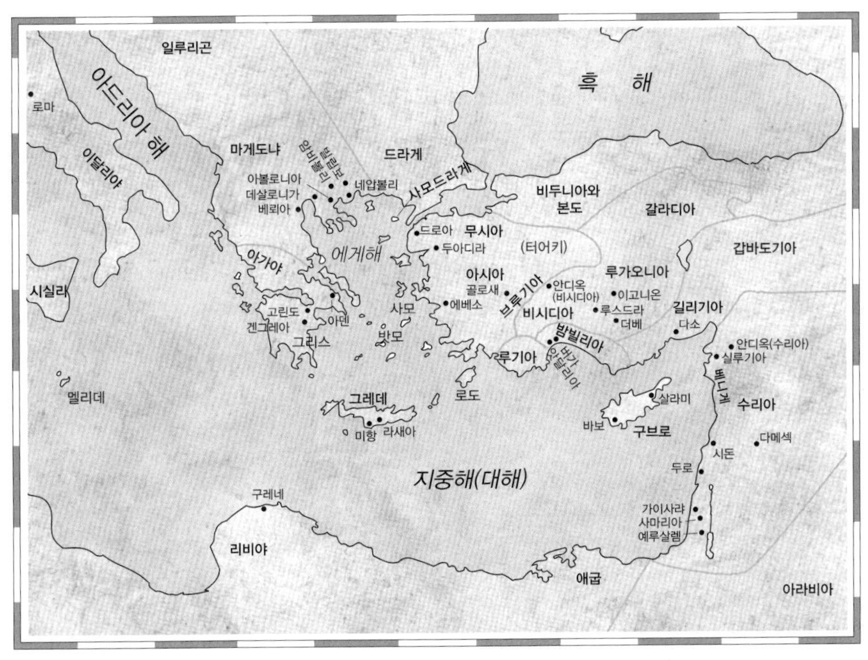

3. 바울의 세 번째 전도 여행 (   )

안디옥에서 출발한 세 번째 전도 여행은 바울이 거의 3년 동안이나 복음을 전파하고 가르친 '에베소'에 초점이 맞춰져 있습니다. 그곳에서 바울은 그가 2차 전도 여행 시 마게도냐와 갈라디아에 세웠던 교회들을 재방문합니다. 다시 말해, 3차 전도 여행은 그가 이미 개척한 선교지들을 돌아보고 양육하기 위한 성격의 여행이었던 것입니다. 특히 에베소에서는 두란노 서원을 세우고 두 해 동안 가르치기도 했으며, 은 오만에 해당하는 마술책을 태우는 일 등의 선교사역을 감당하였습니다. 그런데 바울은 밀레도에서 에베소교회의 장로들을 소집하여 그들에게 자신이 예루살렘을 향해 떠나갈 것을 밝혔습니다. 그러나 문제는 유대인들이 아직도 이방인들에 대한 바울의 사역에 대해 분개하고 있었던 상황이라는 점입니다. 바울은 사람들의 만류에도 불구하고 길을 떠나게 됩니다.

· 3차 전도 여행 경로

에베소 전도(행 18:23–19:41), 마게도냐와 아가야 여행(행 20:1–6), 바울의 드로아 강론과 밀레도 여행(행 20:7–38), 전도 여행에서의 귀환(행 21:1–16)으로 구성되어 있습니다.

바울의 3차 전도 여행 경로를 표시해보십시오.

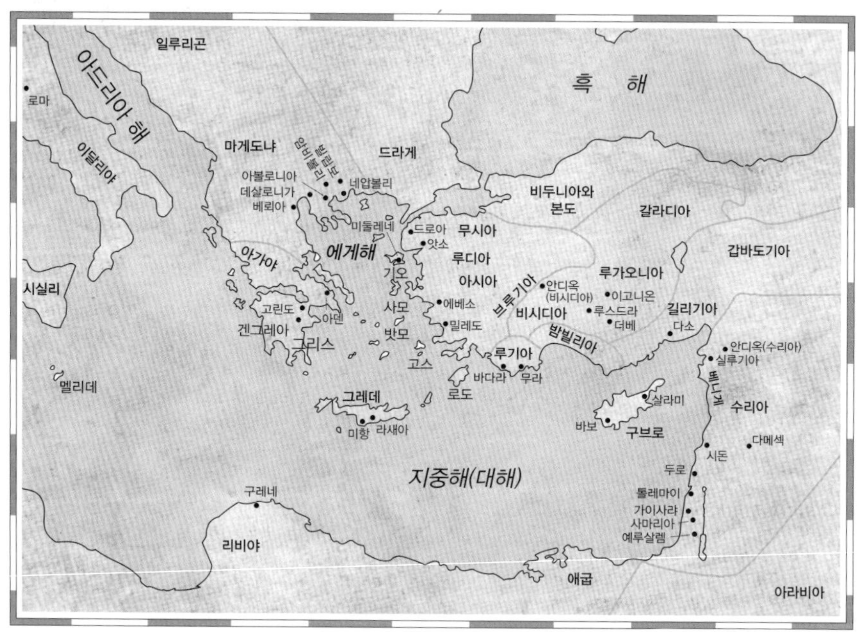

4. 바울의 로마행 ( )

바울은 많은 사람들의 만류에도 불구하고 예루살렘으로 향합니다. 그러나 도착 후 유대인들의 소요로 인해 바울은 체포되고 기나긴 순교의 여정을 시작하게 됩니다. 재판 과정을 통해 무죄로 밝혀졌음에도 불구하고 바울은 정치적인 이유로 말미암아 거의 2년 동안 억류됩니다. 그 과정에서 로마 시민이었던 바울은 유대인들의 손에 넘겨지지 않고 자신의 합법적인 권리를 이용하여 황제에게 상소를 합니다. 그 결과 바울은 로마로 이송하게 됩니다.

바울의 로마행 경로를 표시해보십시오(예루살렘–로마).

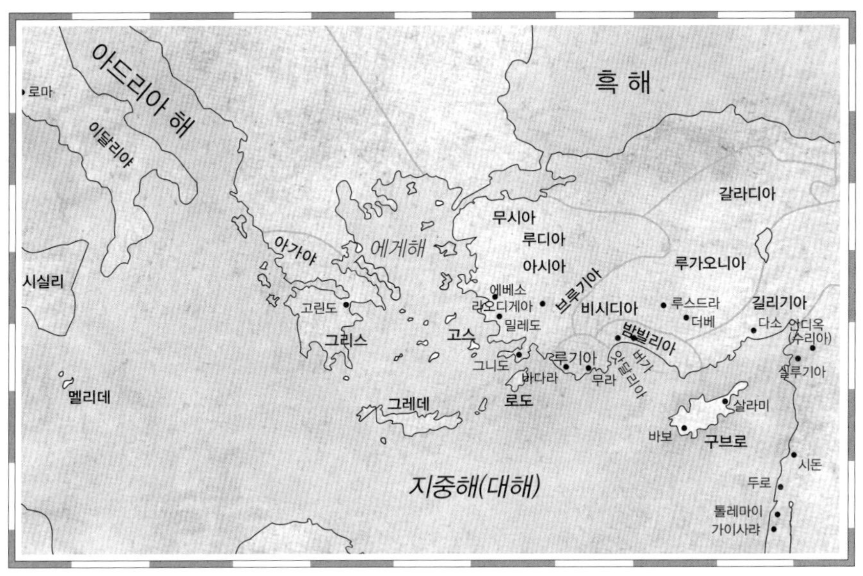

바울의 네 번째 여행은 이전의 세 여행과는 달리 자발적인 전도 여행은 아니었습니다. 이번에는 로마 제국이 여행경비를 지불했고, 바울은 로마의 죄수로 간 것입니다(행 22–28장). 다른 세 여행이 수리아의 안디옥에서 시작된 것과는 달리 4차 여행은 예루살렘에서 시작되었습니다. 바울과 다른 많은 죄수를 태운 배는 로마로 가는 도중 심한 풍랑을 맞이합니다. 그리고 배는 시실리 남쪽 멜리데 섬 연안에서 난파되어 모든 사람들이 해안으로 피신합니다. 그러나 하나님의 권능으로 풍랑을 극복하고 오히려 복음을 전한 바울은 로마에 도착하게 됩니다. 일단 로마에 도착한 바울은 2년 동안 가택 연금 상태에 있었습니다. 하지만 방문자들을 맞고, 공개적으로 예수 그리스도를 전할 자유는 충분히 누렸습니다. 사도행전은 바울이 복음을 온 세상에 전하여 마침내는 그 당시의 땅 끝이었던 로마에까지 전하는 것으로 끝을 맺습니다. 그러나 기독교의 전승에 의하면, 바울은 결국 참수형을 당함으로 순교하게 되었다고 합니다. 그야말로 복음 전파를 위해 살아왔던 파란만장한 삶의 최후가 순교로서 귀결되었던 것입니다.

바울의 생애

① 다소에서 태어남
② 예루살렘에서 스데반의 처형에 가담함
③ 다메섹으로 가던 도중 그리스도를 만나 회심함
④ 그리스도에 대해 배움
⑤ 광주리로 성벽을 타고 내려와 다메섹에서 피신함
⑥ 바나바가 그리스도인들에게 바울을 소개함
⑦ 안디옥이 바울의 세 차례 전도 여행의 기지가 됨
⑧ 바나바, 요한, 마가와 함께 1차 여행 시작
⑨ 로마 관원이 신자가 됨
⑩ 1차 여행에서 돌에 맞음
⑪ 실라와 함께 2차 여행 시작
⑫ 마게도냐 사람이 환상 중에 바울을 부름
⑬ 빌립보에서 유럽인 최초로 루디아가 회심함
⑭ 2차 여행 중 회당들에서 준비함
⑮ 3차 여행 중 에베소에서 교회를 개척하며 3년 동안 머무름
⑯ 투옥과 시련을 견딤
⑰ 멜리데에서 난파당함
⑱ 로마에서 2년 동안 감금됨

정리해봅시다

1. 바울이 이방인의 사도로 효과적인 사역을 감당할 수 있었던 배경에 대해 이야기해보십시오.

2. 바울의 전도 여행을 1차, 2차, 3차로 구분하여 앞의 지도에 그 여정을 표시해보십시오.

3. 바울의 생애를 다음 도표에 간단히 정리해보십시오.

순서	지명	사건
1	다소	
2	예루살렘	
3	다메섹 도상	
4	안디옥	
5	마게도냐	
6	빌립보	
7	에베소	
8	로마	

4. 바울의 전도 여행이 오늘날 우리에게 도전을 주는 메시지는 무엇인지 서로 이야기해보십시오.

제 10 과 교회시대

【 초대교회 혼란과 안정 】

"그러므로 너희 담대함을 버리지 말라 이것이 큰 상을 얻게 하느니라
너희에게 인내가 필요함은 너희가 하나님의 뜻을 행한 후에 약속하신 것을 받기 위함이라"(히 10:35-36)

배워봅시다

기독교를 1세기경의 그리스와 로마의 우상숭배 종교와 비교해 볼 때 현저하게 다른 것은 '예수 그리스도의 도'입니다. 오늘날까지도 이것은 세상에서 가장 높은 도덕적 원리들을 제시하고 있습니다. 신약 성경의 많은 부분이 그리스도인의 생활 방법을 교훈하기 위해 교회와 개인들에게 보낸 서신(편지)입니다. 이런 서신이 신약에는 21개가 있는데, 이 가운데 13개가 바울의 기록입니다. 그래서 그 서신들을 '바울서신'이라고 부릅니다. 나머지 8편의 서신은 '일반서신'이라고 부르는데, 4명의 저자 이름이 제목에 명시되어 있습니다. 바울서신은 그 서신을 수신하는 교회의 이름이나 개인의 이름이 서신의 제목에 명시되어 있습니다. 이 서신들에서 가르치는 교훈은 당시의 초대교회 성도들에게만 적용되는 것이 아니라, 오늘날 우리에게도 마찬가지로 적용됩니다.

1. 바울서신의 개요 ( )

13권의 바울서신 중 9권은, 당시 지중해 연안에 실제로 존재했던 교회들에게 보내진 편지였습니다. 그리고 수신교회들의 이름을 서신서의 이름으로 붙였습니다.

1) 바울서신

바울서신 중에서 네 편은 개인에게 쓴 것이고, 아홉 편은 특정한 교회에게 써서 보낸 것입니다. 갈라디아서는 갈라디아에 있는 여러 교회들에게 쓴 것입니다. 바울의 서신들은 빌레몬서와 같이 매우 개인적인 색채가 있는가 하면, 로마서와 같이 믿음으로 얻는 의에 대해 설명한 교리적인 것도 있습니다. 어떤 서신들은 당시 교회에서 일어났던 문제들을 교리적으로 해결해주려는 것이기도 합니다. 칭찬하는 편지가 있는 반면, 매우 비평적인 편지도 있었습니다. 바울은 그들에게 필요한 것이 무엇인지를 파악하여 편지를 보냈습니다. 이와 같은 그의 설교식 편지를 통해 수많은 사람들이 회개했습니다.

2) 성격

서신서는 모두 구체적인 상황들을 가지고 있습니다. 이 구체적인 상황 속에서 야기된 문제들을 저자들의 신학적 관점에서 다루고 있는 것이 바로 서신서입니다. 사도

바울은 각 교회 및 개인의 영적 문제들을

1) ....

2) ....

3) ....

라는 자신의 신학적 틀 속에서 해결하고 있습니다.

바울서신의 주 무대

3) 지역교회에게 보낸 바울서신

바울서신 13개 중에서 9개는 지역교회에 보낸 편지이며, 수신교회에 따라 이름이 붙여졌습니다.

서신서	내용과 주제	수신 교회
로마서	바울의 3차 여행 중 소아시아 지역에서의 전도 활동 후에 예루살렘으로 떠나기 전에 쓰여진 편지. 로마교회에 자신을 알리며 자신이 전하려는 복음이 어떤 것인지를 분명하게 밝히는 내용임(신앙, 신학, 바울의 심정 등).	
고린도전 · 후서	고린도교회의 여러 가지 문제를 지적하며 그 해결을 간구함(교인들의 분열, 근친상간, 형제끼리의 송사, 결혼문제, 성령의 은사 등).	

서신서	내용과 주제	수신 교회
갈라디아서	유대인 성도들의 율법주의에 대한 논리적인 방어로서 구원은 오직 예수 그리스도를 믿음으로만 가능하며 성도는 그리스도 안에서 자유를 누리며 믿음으로 살아야 한다는 내용임.	
에베소서	에베소, 빌립보, 골로새서는 모두 바울이 감옥에 갇힌 상황에서 기록한 서신임. 그리스도가 유대인과 이방인의 담을 헐었음을 보여주면서 교회가 주 안에서 하나되기를 강조함.	
빌립보서	그리스도께서 하나님의 목적을 이루기 위해 가지셨던 동일한 마음을 성도들이 갖도록 하기 위해 기록함.	
골로새서	예수 그리스도의 위대하심에 근거하여 성도들은 세상 철학이나 거짓된 가르침을 거부하고 주께 합당한 삶을 일상생활 속에서 실천해야 함.	
데살로니가전서	그들이 오해하고 있는 주님의 재림에 대해 중점적으로 다룬 바울은 그리스도께서 재림하시기까지 항상 깨어 성실하고 거룩한 삶을 살 것을 격려함.	
데살로니가후서	주님의 재림에 대한 거짓 가르침을 바로 잡고, 그리스도께서 오시기까지 믿음 가운데서 맡기신 사역을 성실히, 부지런히 감당할 것을 권면함.	

4) 개인에게 보낸 바울서신 – (   )

개인에게 보낸 바울서신은 주로 신앙의 동역자들에게 보낸 것으로 목회적 충고가 담겨 있습니다.

서신서	내용과 주제	수신자
디모데전서	바울은 디모데에게 교회 내에서 성도의 믿음과 행동에 관련하여 어떻게 대처해야 하는지와 성도들이 하나님의 백성으로서 바르게 살 수 있도록 거짓된 교리를 거부하고 바른 교리를 성실히 가르치도록 권면함.	

서신서	내용과 주제	수신자
디모데후서	바울의 마지막 교훈이 담겨져 있으며, 예수 그리스도의 군사로서 고난 받는 일에 초점을 맞춤.	
디도서	디도를 격려하며 그에게 어떻게 교회를 조직하고 운영할 것인가를 언급하면서, 하나님의 은혜와 빛 가운데서 성도들은 세속적인 욕망을 버리고 그리스도의 재림을 열망하면서 시대를 분별하며 살 것을 가르침.	
빌레몬서	1장으로 된 짧은 편지로, 바울이 개종시킨 오네시모라는 도망친 하인을 대신하여 그 주인에게 보낸 것임. 바울은 그를 주인인 빌레몬에게 돌려보내면서 오네시모를 그리스도 안에서 형제와 같이 대해 주라는 요지의 내용을 기록함.	

일반서신은 서신서들 중 13권이라는 가장 많은 부분을 차지하는 바울서신을 제외한 나머지 서신들을 가리키는 것으로 바울이 기록하지 않은 것입니다. 일반 독자들을 염두에 두고 쓴 8권의 서신으로 이루어져 있는데 바울서신과 비교할 때 그 중요성이나 교훈, 그리고 권위면에 있어서 조금도 뒤지지 않습니다.

2. 여러 저자가 여러 수신자에게 쓴 서신들

여러 저자들의 서신으로서 저자의 이름으로 서신 제목을 삼았습니다.

서신서	내용과 주제	저자
히브리서	A.D. 70년 예루살렘이 멸망하기 전, 흩어져 있던 디아스포라 유대인들에게 예수 안에서 자라가되 종교적 율법주의로 되돌아가지 말 것을 권면하기 위해 익명의 기자가 히브리서를 기록함.	
야고보서	참 믿음의 본질에 대한 고전이라 할 수 있는 야고보서는 믿음을 단순한 지적 확신을 넘어서 삶을 바르게 인도하시는 하나님에 대한 강한 신뢰로 봄. 올바른 삶의 수반이 있을 때에만 믿음이 참될 수 있음을 강조함.	
베드로전서	베드로전서는 큰 핍박을 당하고 있는 교회에 보낸 편지임. 베드로는 A.D. 63-67년경 네로 황제 치하에서 그리스도인들이 극심한 박	

서신서	내용과 주제	저자
	해를 받고 있을 때 로마에서 기록하였음. 여기서 베드로는 고난 받는 성도들을 격려하고 그리스도를 위해 박해받는 것은 영광스러운 일이라고 강조함.	
베드로후서	교회의 내부 문제 중 특히 거짓 교사들에 관한 문제에 초점을 맞추고 있음. 거짓 교사들에 대해 경고하면서 그들이 반드시 하나님의 심판대 앞에서 심판을 받는다고 말함. 그리스도에 관한 참 진리에 대해 진실한 마음으로 생각하고 실천하고 견고히 붙드는 것이 교회를 파괴하는 거짓 교사들의 가르침에 빠지지 않는 길임.	
요한1·2·3서	요한복음의 저자인 사도 요한이 기록하였음. 요한1서는 그가 생애 말년에 쓴 것으로 '사랑'을 강조함. 5장밖에 되지 않는 짧은 서신에 '사랑'이라는 말을 44번이나 쓰고 있음. 요한2서는 성경에서 가장 짧은 책으로, '택하심을 입은 부녀'에게 쓴 편지인데 그 여자가 누구인지 확실히는 알지 못함. 다만 진리 안에서 행할 것을 권면하고 있음. 요한3서는 가이오에게 쓴 편지로 그의 믿음과 선행을 칭찬하고 있음. 그러나 으뜸되기를 좋아하는 디오드레베에 대해서는 경고함.	
유다서	유다서는 거짓 교사들에 대해 가장 통렬한 책망을 담고 있으며, 불의한 자들에 대한 하나님의 심판이 어떠하다는 것을 경고함.	

7)「프리셉트성경」, 성경연구 보조자료, p.20.

3. 요한계시록 – (   )

마귀의 공격 속에 고난 받는 교회를 격려하는 서신입니다. 요한계시록은 신약의 유일한 예언서로 서신의 형태를 지니고 있습니다. 이 서신은 사도 요한이 밧모섬에 유배당한 A.D. 90년경에 황제 숭배의 강요 앞에 무너져가는 교회를 위해 안타깝게 기도하다가 본 환상을 기록한 것입니다. 요한계시록의 구조와 이해에 대한 열쇠는 요한계시록 1:19에서 발견됩니다.

....

....

.... 쓰도록 지시를 받았습니다.

요한계시록 1:19
그러므로 네가 본 것과 지금 있는 일과 장차 될 일을 기록하라

잠깐만!

요한계시록에 등장하는 일곱 교회는 사도 요한이 밧모 섬에서 요한계시록을 기록할 당시 실재했던 교회들이다. 소아시아의 일곱 교회는 현대의 터키 지역에 위치해 있었다. 중요한 것은 이 교회들이 각각 40~100km 거리 내에 위치하며, 서로 대단히 밀접한 관계가 있었다는 사실이다. 각기 독특한 특성을 보이며 자리잡았던 일곱 교회가 마지막 날 상징적인 심판의 대상이 되는 것이다. 다음 지도에서 위치를 확인하고 표시해보자.

정리해봅시다

1. 알맞은 답을「보기」에서 찾아 괄호 안을 채워보십시오.

「보기」 요한계시록, 일반서신, 서신서의 성격

(　　　　　　　　): 믿음을 격려하고 신앙생활을 지도

(　　　　　　): 여러 저자가 여러 수신자들에게 쓴 서신서

(　　　　　　　): 마귀의 공격 속에 고난 받는 교회를 격려하는 서신

2. 개인에게 보낸 바울서신 – (　　　　　　　　　　　　　　)

개인에게 보낸 바울서신은 주로 신앙의 동역자들에게 보낸 것으로 목회적 충고가 담겨 있습니다.

3. 바울서신은 모두 (　　) 권이며, 그 이름은

(

)입니다.

4. 바울서신은 교회에 쓴 교회서신 (　　)권과

목회 지도자들에게 쓴 목회서신 (　　)권으로, 총 (　　)권의 서신이 있습니다.

5. 복음서와 사도행전과 요한계시록, 그리고 바울서신을 제외한 8권의 서신을

우리는 (　　　　)이라고 부릅니다.

6. 신약에서 유일한 예언서는 (　　　　　) 입니다.

제 11 과 성경을 여는 창

【 성경을 공부하는 방법 】

"모든 성경은 하나님의 감동으로 된 것으로 교훈과 책망과 바르게 함과 의로 교육하기에 유익하니 이는 하나님의 사람으로 온전하게 하며 모든 선한 일을 행할 능력을 갖추게 하려 함이라"(딤후 3:16-17)

배워봅시다

지금까지 여러분은 신 · 구약 성경의 큰 흐름을 모두 살펴보았습니다. 이제 성경의 배경과 전체적인 줄거리를 이해하였다면, 성경 각권을 읽어나가야 합니다. 이번 과에서는 여러분이 스스로 성경을 읽어나갈 수 있는 기본적인 시각에 대해 이야기하려 합니다. 가끔 진행되는 운동경기를 보다 보면 경기를 중계하는 아나운서나 해설자가 '시야를 넓혀야 한다'라는 이야기를 하는 것을 듣게 됩니다. 가치관이나 세계관이라는 용어들도 쉽게 이야기하면 세상을 바라보는 눈에 대한 것들입니다. 이제부터 구체적으로 이야기를 전개해 나가도록 하겠습니다.

1. 성경공부를 시작하며

지금까지 살펴본 성경은 쉬운 책인 듯 싶지만, 사실은 매우 어려운 책입니다. 그러나 하나님께서 수천 년이라는 시간 동안 우리에게 다양한 방법을 통해 제시하신 말씀임을 생각해 볼 때, 깊은 비밀을 담은 책이라는 것 정도는 짐작할 수 있습니다. 이러한 하나님의 말씀인 성경을 과연 어떻게 읽어나갈 것인지 함께 살펴보도록 하겠습니다.

2. 다양한 성경공부 방법

성경을 공부하는 방법에는 여러 가지가 있습니다. 그리고 모든 방법에는 장점이 있으며, 때문에 우리는 다양한 방법으로 성경공부를 해야 합니다. 구체적으로는 통독, 암송, 묵상, 연구, 강의, 강해, 토론 등의 방법이 있고 우리가 공부하는 방식은 아마 강의식 방법이라고 해야 할 것입니다.

성경공부 방법	내용
	계획을 세워 성경을 읽는 것이며, 가장 기본적인 방법입니다. 성경의 전체 흐름을 파악하는데 가장 좋은 방법입니다.
	성경의 핵심 구절을 외우며 되새기는 방법입니다. 암송은 우리의 삶 속에 직접적인 힘이 되는 경우가 많은 아주 좋은 성경공부 방법입니다.

성경공부 방법	내용
	흔히 Q.T.라고 합니다. 자세한 것은 프리셉트에서 출간된 「묵상, 그 주체할 수 없는 기쁨」을 참고하시거나 아래에 프리셉트에서 알려주는 효과적인 묵상법을 활용하시기 바랍니다.
	성경의 전체 내용 중 특정 주제나 내용에 대해 전문가의 강의를 듣는 방법입니다. 성경 전체의 핵심을 쉽게 이해할 수 있는 장점이 있습니다.
	강해 설교를 들으며 성경을 공부하는 방법입니다.
	소그룹 성경공부에서 흔히 적용될 수 있는 방법입니다. 귀납법적 성경연구 방법으로 분류할 수 있습니다.

· 효과적인 묵상 10계명

❶ 묵상은 (   )을 가지는 것이다.

묵상은 어느 날 갑자기 이뤄지는 것도 아니며, 특별한 실력을 요하는 것도 아닙니다. 묵상은 매일 매일의 삶 속에서 하나님의 말씀을 통하여 삶을 인도받는 것으로, 규칙적이고 정기적인 묵상 시간을 가져야 합니다.

❷ 좋은 습관은 (   )에서부터 시작된다.

먼저 하나님과 만날 시간과 장소를 정해야 합니다. 가능하면 시간과 장소가 변동이 없어야 하며 일관적이어야 합니다.

❸ 묵상은 (   ) 이뤄지지 않는다.

인내를 가져야 합니다. 묵상 훈련은 특별한 비법이나 방법이 있는 것이 아닙니다. 성실하게 인내를 가지고 날마다 하나님 앞에 나간다는 마음 자세가 있어야 합니다.

❹ 묵상은 방법보다 (   )의 문제이다.

효과적인 묵상은 어떤 방법적인 것보다는 좋은 습관을 가지는 것이 더욱더 중요하다는 것을 기억해야 합니다.

❺ 본문을 정확하게 (   )해야 한다.

정확한 관찰과 해석을 통해서만이 하나님께서 말씀하시는 것을 깨달을 수 있으며, 정확하게 적용할 수 있게 됩니다.

❻ 묵상의 중심은 (   )가 아니라 (   )이시다.

묵상의 시간은 하나님을 만나는 시간이며, 말씀 속에서 하나님의 음성을 듣는 시간입니다. 말씀을 자신의 생활에 합리화시키는 도구로 전락시키지 말아야 합니다.

❼ (   )으로 묵상하라.

본문을 육하원칙에 의해서 정확하게 보고, 특히 '왜'라는 질문을 통해서 본문을 보도록 노력하십시오.

❽ (   )은 삶의 실천이다.

말씀을 적용할 때는 그 대상이 '나' 자신이라는 것과 시기적으로 지금 당장 실천을 요한다는 사실을 기억해야 합니다.

❾ 경건을 위한 (   )에 충실하라.

자신의 영성 개발을 위해 삶의 우선순위를 정하고 시간 관리를 체계적으로 해야 합니다. 이 시간 관리의 우선순위는 하나님을 알아가고 만나는 일에 최우선을 두어야 합니다. 혹시 시간이 남으면 묵상을 하겠다는 태도로는 평생 가도 묵상의 기쁨을 누리지 못할 것입니다.

❿ 묵상 (   )에 참여하라.

묵상에 관한 책을 읽고, 묵상 훈련에 참가하여 더 깊은 영성을 개발하도록 해야 합니다. 귀납적 성경연구 방법을 공부하고 싶다면, 다음과 같은 책들을 통해 도움을 얻을 수 있습니다. 「묵상하는 사람들」(프리셉트), 「생명의 삶」(두란노), 「매일 성경」(성서유니온), 「일용할 양식」(ESF) 등.

묵상이 이뤄지는 순서

1. 기도: 성령에 의해 말씀이 열리도록 (   ). 성령께서 말씀이 이해되

도록 여러분의 눈을 열어 주실 것입니다.

2. 읽기: 본문을 ( ). 육하원칙에 의한 읽기, 관찰, 해석, 적용의 단계를 통해 귀납적으로 본문을 정확하게 이해하십시오.
3. 묵상: 본문의 말씀을 통해서 하나님께서 하시고자 하는 말씀을 듣기 위해 조용히 말씀을 생각하며 ( )을 가져보십시오.
4. 기도: 깨달은 말씀을 가지고 하나님께 ( ). 그리고 중보 기도의 시간을 가져보십시오.
5. 적용: 말씀이 삶 속에 실천되도록 ( ). 그리고 다시 점검하십시오.

· 묵상지 활용의 예

다음은 「묵상하는사람들 QT」(프리셉트)의 견본입니다.

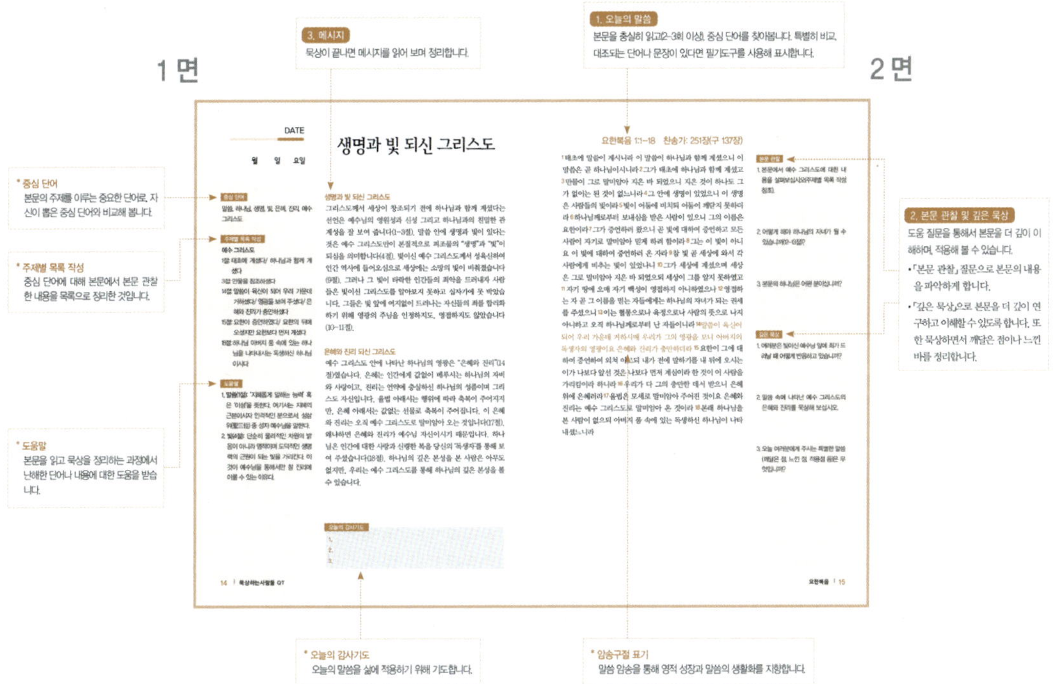

3. 귀납법과 (   )

이제 여러분은 위에서 언급한 다양한 성경공부 방법론을 중심으로 성경공부를 해 나가시면 됩니다. 그러나 이 시간에는 여러분에게 좀더 자세한 성경공부 방법론 중 귀납법적 성경연구 방법론에 대해 잠깐 소개해 드릴까 합니다. 왜냐하면 이 방법은 스스로 성경을 연구하기에 적합한 방법이며 일생을 두고 성경을 연구하고 그 깊이를 체험해 갈 수 있는, 스스로 성경을 공부하기에 가장 적합한 방법이기 때문입니다.

연역적, 귀납적 접근 방법이라는 용어에 대해 먼저 설명하도록 하겠습니다. 학교에서 선생님이 서해 개펄의 보존 문제에 대한 연구보고서를 작성하라는 과제를 내주셨다고 생각해보십시오. 그때 A라는 학생이 귀납적 방법을 택할 경우, 그는 직접 서해 개펄로 가서 수주 간을 머물며 직접 부딪히고 연구한 후에 보고서를 작성할 것입니다. 반대로 연역적 방법을 선택한 B라는 학생은, 학교 도서관으로 달려가서 관련 도서를 모두 빌린 후 수주 간 동안 그 책을 연구하며 보고서를 작성할 것입니다. 다시 말해서, 이 책처럼 성경 전체의 흐름을 배우는 방법을 '연역적 방법'이라 한다면, '귀납적 방법'은 성경 각 권 즉, 시편, 데살로니가전서 등을 직접 연구하며 각 본문의 장 · 절을 분석하고 어구를 분석하며 그 교훈을 찾아 나가는 방법을 말합니다.

이제, 연역적 성경공부를 마무리 했기 때문에 여러분에게 마지막으로 귀납법적 성경연구 방법을 간략하게 소개하려 합니다. 좀더 자세한 것을 배우기 원하시는 분들은 언제라도 프리셉트 성경연구 세미나에 참여하시면 많은 도움을 받으실 것입니다.

4. 귀납법적 성경공부를 위한 도구

우선, 귀납적 성경공부를 위한 가장 기본적인 도구는 (   )입니다. 성경책은 오랜 세월 동안 다양한 전승과정을 거쳐왔기 때문에 여러 가지 다양한 버전이 존재합니다. 성경이 헬라어와 히브리어, 아람어 등으로 구성되었기에 지금 여러분이 읽는 한글 성경으로 존재하기까지는 수많은 필사와 번역과정이 있었습니다. 다시 말해서 여러 과정을 거쳤기에 다양한 견해, 시각의 차이, 해석상의 차이로 다양한 번역본들이 존재한다는 것입니다.

하지만 이러한 다양한 번역본의 차이는 성경의 내용들을 뒤집어 버릴 정도로 차이가 있는 것은 아닙니다. 일반인들은 느끼기 힘들 정도의 미세한 차이입니다. 이러한 성경책의 출간은 각국별 성서공회라는 기구를 중심으로 이루어지기 때문에 아무나 쉽게 성경책을 번역하고 출간할 수는 없습니다. 성서공회는 수많은 학자들을 중심으로 조금이라도 더 정확한 성경책을 만들기 위해 최선을 다하고 있으며, 그 결과로 우리는 정확한 하나님의 말씀을 접할 수 있게 되었습니다.

우리나라의 경우 「대한성서공회」라는 기구가 한국어 성경의 판권을 가지고 번역과 출간을 담당하고 있습니다. 한국어 성경은 외국인 선교사들에 의해 번역되었고, 시간이 흐르면서 한국어의 흐름에 맞추어 여러 차례 개정을 거듭하여 현재의 한국어 성경이 만들어지게 되었습니다. 지금도 계속해서 대한성서공회를 중심으로 새로운 버전의 한글 성경책이 준비되고 있습니다

그런데 실질적으로 여러분이 서점에서 접하게 되는 대부분의 성경은 다양한 출판사가 대한성서공회로부터 판권을 얻어 한국어 성경을 좀더 읽기 쉽도록 편집하여 '무슨 성경책'이라는 이름으로 출간한 것입니다(프리셉트에서도 「프리셉트성경」을 발간함). 따라서 여러분 나름대로 다양한 출판사의 성경을 비교하여 살핀 후 자신이 읽기에 가장 편리한 성경책을 구매하는 것이 성경공부를 위한 첫 번째 도구를 마련하는 것입니다. 물론, 개인적으로는 귀납적 성경연구를 위해 만들어진 「프리셉트성경」을 적극적으로 추천합니다.

두 번째로 필요한 도구는 다양한 (   )입니다. 성경은 하나님께서 인간의 언어를 통해 말씀하셨기에 성경을 읽는 사람들은 언어를 분석할 수 있는 도구가 있어야만 합니다. 대표적인 도구가 바로 사전입니다. 여러분이 성경을 읽다 보면, 이런 문구가 있을 것입니다. 창세기의 소돔 성 멸망 직전의 사건 중 롯의 집에 머물던 하나님의 천사들을 사람들이 내놓으라고 합니다. 그러면서 "네게 온 사람들이 어디 있느냐 이끌어 내라 우리가 그들을 상관(ידע 야다, 여기서는 성관계 · 동성애를 의미함)하리라" (창 19:5)는 말을 합니다. 단순히 한국어로 '상관'이라는 용어를 떠올린다면 이 문맥을 이해하기가 어려울 것입니다. 바로 이때 필요한 것이 1차적으로 성구사전과 좋은 국어사전 입니다(기독교 서점에 가면 다양한 성구사전을 찾아볼 수 있음). 왜냐하면 바로 이때 사전들의 도움을 받아야 하기 때문입니다.

1) 성경사전 _ 성경배경주석, 사전

우리가 앞에서 살펴보았듯이 성경이 기록된 장소와 시기는 2000년 이전의 과거 근동 아시아 지역입니다. 따라서 성경 속에는 우리와는 전혀 다른 풍습과 사고방식, 언어, 사회제도 등이 뒤섞여 그야말로 문화 충격이 엄연히 존재합니다. 개관을 통해 다양한 배경들은 이해하였지만, 성경을 더욱 자세히 읽어나가기 위해서는 각 구절과 어휘에 대해 다양한 배경 설명을 풀이해놓은 성경배경주석과 사전의 도움을 받는 것이 좋습니다.

2) 성경주석과 다양한 서적의 도움

여러분은 성경을 전문으로 연구하는 신학자가 아니기에 현실적으로 원어를 따로 공부하고, 신학적 지식을 축적하기는 어려운 여건에 있습니다. 하지만 성경은 하나님의 말씀이요 누구나 그 핵심 의미를 이해할 수 있도록 성령께서 도우시기에 우리는 용기를 내어 성경을 읽어나갈 수 있는 것입니다. 그러나 성경을 읽어나가다 보면 다양한 궁금증과 의문점에 부딪힐 수 있습니다. 그때 필요한 것이 바로, 다양한 신학자들의 견해를 풀이해놓은 성경주석입니다. 물론 주석서는 대단히 가격이 비싸고, 일반 성도들이 소장하기에는 부담이 될 수 있습니다. 따라서 교회에서 함께 볼 수 있는 좋은 주석들을 비치하고 교역자들이 이를 돕는다면, 여러분의 성경공부는 한 차원 더 깊은 방향으로 나아가게 될 것입니다(주석류의 추천과 선택은 개교회의 목사님 혹은 교역자들의 도움을 받는 것이 좋음). 자, 이제 본격적인 성경 학습을 위한 다양한 무기의 준비가 끝났습니다. 이제는 성경연구의 기본적인 방법을 살펴보도록 하겠습니다.

5. 관찰하기

사실, 성경을 읽고 분석해나가는 훈련은 하루 아침에 완성되지 않습니다. 많은 시간을 투자해야 하며, 또 좋은 인도자의 지도가 필요한 부분입니다. 여러분이 스스로 성경을 읽어나가는데 있어서 최초의 출발점은 (   ) 입니다. 성경은 다양한 권과 장 · 절로 구성되어 있습니다. 재미있는 사실은 성경은 처음부터 각 권별로 존재하였지만, 장과 절은 후대에 만들어졌다는 것입니다. 즉, 원래 저자가 장과 절을 구분한 것이 아니라 후대 사람들이 자신들의 편의를 도모하기 위해 장과 절을 구분한 것입니다. 그러나 중요한 것은 이러한 구분이 그냥 이루어진 것이 아니라는 것입니다. 따라서 여러분은 장과 절을 중심으로 성경읽기의 계획을 세우고 세부적인 읽기를 시작해야 합니다.

정리해봅시다

1. 신약 성경의 시대적 흐름은
   예수 그리스도의 (　　　)과 (　　　) → (　　　　　　　　) → 초대교회의 성장과 선교 → 초대교회의 혼란과 믿음의 서신으로 구분할 수 있습니다.

2. 여러분은 하루에 어느 정도의 시간을 투자하여 하나님의 말씀을 연구하고 있습니까?
   Tip. 이 부분에 대해 생각하며, 앞으로 내가 성경 전체를 어떻게 읽어나가야 할지에 대해 구체적인 성경연구 계획표를 작성해 보시기 바랍니다.

3. 묵상이 이뤄지는 순서에 대해 약술해보십시오.
   1) ______
   2) ______
   3) ______
   ______
   4) ______
   5) ______

4. 귀납과 연역의 차이를 설명해보십시오.
   1) ______
   2) ______

5. 성경을 읽고 연구하는 첫 출발점은 (　　　　　　　　) 입니다.

제 12 과 성경을 여는 창

【 성경을 관찰, 해석, 적용하기 】

"만군의 하나님 여호와시여 나는 주의 이름으로 일컬음을 받는 자라
내가 주의 말씀을 얻어 먹었사오니 주의 말씀은 내게 기쁨과 내 마음의 즐거움이오나"(렘 15:16)

배워봅시다

1. 관찰하기 – (   )

먼저 관찰을 위해 필요한 것은 고정 관념을 탈피하는 것입니다. 관찰이라는 것은 여러 차례 본문을 읽어나가면서 본문의 내용을 자세히, 그리고 정확하게 살피는 것입니다. 그러나 문제는 정확하게 살피기도 전에 이 본문은 내가 전에 알고 있는, 혹은 들은 적이 있다는 것 때문에 미리 그 의미를 전제하고 들어간다는 것입니다. 그러나 이러한 고정 관념은 성경을 읽어나가는데 오히려 방해가 되는 경우가 있습니다.

· 관찰의 10가지 단계

단계	내용
1.	성경공부의 첫 시작은 늘 기도입니다.
2.	언제, 어디서, 누가, 무엇을, 왜, 어떻게라는 원칙은 성경 본 연구의 기본입니다.
3.	중심 단어는 본문의 필수적인 요소입니다. 중심 단어의 표시는 각 장의 핵심을 분석하는데 가장 빠른 방법입니다.
4.	중심 단어를 관찰하고, 어떤 사상이나 가르침에 연관된 사람이나 사물, 혹은 그룹에 대해 말한 것을 주목하는 것입니다.
5.	비교와 대조는 중요한 진리나 생생한 교훈을 분명히 이해시키기 위해 사용하는 언어 수단입니다.
6.	시간 속에서 사건들의 관계는 본문의 진정한 의미를 밝혀주곤 합니다.
7.	결론적인 용어들은 일반적으로 생각의 중요한 흐름에 뒤따라오는 핵심 어구입니다.
8.	되도록 간단하게 본문이 사용하는 단어를 사용하여 주제를 표현해보십시오.
9.	우리로 하여금 삶 속에서 행하기를 원하시는 하나님의 뜻을 발견하고 실천해야 합니다.
10.	성경 각 권의 저자와 기록 시기, 중심 단어를 기록하며 각 권 전체를 정리하는 단계입니다.

요한복음 개관 도표의 예[8)]

요한복음의 주제: 하나님의 아들, 예수 그리스도를 통한 영생

내용 분해

책의 구조	기록된 목적	표적과 기사	사역	장별 주제
예수를 그리스도, 하나님의 아들로 소개함	너희로 예수께서 하나님의 아들 그리스도이심을 믿게 하려 함이다		이스라엘에게	1 서언 – 말씀 / 세례 요한 / 제자들을 부르심
		물이 포도주가 됨		2 가나 혼인잔치 / 성전을 정결하게 하심
예수께서 그리스도, 하나님의 아들이심을 증명해주는 표적들을 제시함				3 거듭남
		신하의 아들을 고치심		4 우물가의 여인 / 왕의 신하
		38년된 병자를 고치심		5 아버지 / 아들
		5천명을 먹이심 바다 위를 걸으심		6 떡 / 5000명을 먹이심
				7 초막절 / 목마르거든–마시라
				8 간음한 여인 / 진리가 자유롭게 하리라
		소경을 고치심		9 맹인
				10 양 / 목자
		나사로를 죽음에서 일으키심		11 나사로를 살리심
결단의 시간	때가 왔다		제자들에게	12 나귀를 타신 왕 / 베다니의 잔치
하나님을 믿는 자들에게 속한 영생	너희가 생명을 얻게 하려 함이다			13 최후의 만찬 / 제자들을 씻기심
				14 아버지의 집 / 마음에 근심함
				15 거하라 / 포도나무와 가지
				16 성령 / 다른 보혜사
사망과 부활을 통하여 그 생명을 얻음			모든 인류에게	17 주님의 기도 / 대제사장의 기도
				18 체포와 심문
				19 십자가 처형
		부활과 현현		20 부활
삶의 목적: 사랑하라 그리고 따르라			제자들에게	21 네가 나를 사랑하느냐?

저자:
요한

저작 시기:
약 A.D. 85년

저작 목적:
독자들이 예수께서 하나님의 아들 그리스도이심을 믿고 영생을 얻게 하려함

중심 단어:
표적/이적
믿다
생명
심판하다
심판
증거
참 진리
왕
나라
사랑
일
계명
열매
거하라
묻다
구하다

8) 「프리셉트성경」, p.19.

2. 해석하기 – (   )

관찰은 하나님의 말씀이 말하는 바를 정확하게 알도록 인도해주는 반면, 해석은 한 발짝 더 나아가 본문이 의미하는 바를 이해하도록 도와줍니다. 하나님의 말씀을 정확히 해석할 때, 우리는 그 진리들을 매일의 삶 속에 실천할 수 있게 될 것입니다.

성경을 정확하게 해석하기 위해 다음과 같은 지침들이 있습니다.

1) (   )이 해석을 다스린다는 것을 기억하라.

문맥(context)이라는 말은 '본문(text)과 함께 가는 것'을 의미합니다. 문맥을 이해하기 위해서는 하나님의 말씀과 친근해져야 합니다. 관찰이라는 기초를 든든히 다져 놓았다면, 여러분은 다음에 비추어 각 절들을 고려할 준비가 된 것입니다.

· 앞뒤 구절들: 좁은 문맥
· 그 절이 들어 있는 성경책: 중간 문맥
· 하나님의 말씀 전체: 넓은 문맥

성경을 연구하는 동안 자문하십시오: 어떤 본문의 해석이 그 부분을 담고 있는 성경책의 주제와 목적, 그리고 구조와 일치하는가? 같은 주제에 대한 다른 성경책의 말씀과 일관되는가? 혹은 명백하게 다른 점이 있는가? 지금 나는 본문의 역사적, 문화적 문맥을 고려하고 있는가? 성경 한 구절을 문맥에서 빼내어다가 그것으로 여러분이 원하는 바를 말하게 하지 마십시오. 저자가 말씀하는 바를 발견하십시오. 그가 뜻하는 바에 당신의 견해를 추가하지 마십시오.

2) 항상 말씀의 (   )을 구하라.

하나님의 말씀을 철저하게 알면, 누군가가 자신의 가르침을 지지하기 위해서 성경 한두 구절을 가져다가 사용했다고 해서 그 가르침을 다 진리로 받아들이지는 않습니다. 이 구절들을 문맥에서 따로 떼어내거나 다른 중요한 구절들을 간과했거나 무시했을 때, 오해가 야기됩니다. 성경을 규칙적이고 광범위하게 읽어가면서, 하나님의 말씀 전체의 가르침에 보다 더 친숙하게 되면, 우리는 어떤 사람의 가르침이 성경적인지 아닌지를 분별할 수 있게 될 것입니다.

하나님의 말씀에 몰두하십시오. 이것은 그릇된 교리로부터 우리를 보호해 줄 것입니다.

3) 성경은 스스로 ( )라는 것을 기억하라.

성경에 대한 최선의 해석은 성경입니다. 모든 성경은 하나님께서 생기를 불어 넣으심으로 하나님의 감동을 받았다는 사실을 기억하십시오. 그러므로 성경은 결코 스스로 모순되지 않습니다.

성경은 삶의 어떤 상황에서든지 필요한 모든 진리를 담고 있습니다. 하지만 성경에서 서로 모순되는 것처럼 보이는 두 가지 진리를 조화시키기 어려운 때가 있습니다. 하나님의 절대 주권과 인간의 책임이 한 예입니다. 말씀에서 명백하게 가르치는 둘 이상의 진리가 서로 모순되는 것처럼 보인다면, 우리가 제한된 생각을 가진 인간이라는 것을 기억하십시오. 하나님의 가르침을 하나님께서 다루시지도 않는 극단으로까지 끌어가지는 마십시오. 하나님의 말씀을 충분히 이해할 수 없고 당장 조화시킬 수 없다고 할지라도 믿음 안에서 겸손하십시오. 그러나 하나님께서 명백히 말씀하시는 바를 믿으십시오.

4) ( )한 성경 구절에 확신의 근거를 두지 말라.

애매모호한 구절은 쉽게 이해할 수 없는 의미를 가진 것입니다. 이 구절들은 적절한 해석 원리를 적용해도 이해하기가 어렵기 때문에, 이것들을 교리 확립의 근거로 사용해서는 안 됩니다.

5) 성경을 ( ) 해석하라.

성경은 신비주의 책이 아닙니다. 하나님께서는 우리가 알 수 있도록 우리에게 말씀하셨습니다. 그러므로 말씀을 문자 그대로, 그 자연스럽고도 정상적인 뜻을 취하십시오. 감추어진 의미를 찾으려 애쓰지 말고, 먼저 성경의 명백한 가르침을 찾아보십시오. 각종 수사법을 이해하고 분별하여 문학 양식의 관점에서 성경이 말하는 바를 생각하십시오. 예를 들면, 역사서나 전기서보다는 시적이고 예언적인 문학 양식에서 더 많은 비유나 은유를 발견할 수 있습니다. 그러므로 그 성경책의 문학 양식에 따라서 본문을 해석하십시오.

성경에는 다음과 같은 문학 양식이 있습니다:

· 역사서: 사도행전

· 예언서: 요한계시록
· 전기서: 누가복음
· 교리서(교훈): 로마서
· 시가서: 시편
· 서간문(편지): 디모데후서
· 금언서: 잠언

6) 그 구절에서 ( )를 찾으라.

성경의 한 부분을 해석할 때 언제나 저자의 마음 속에 있는 바를 이해하려고 노력하십시오. 명백하게 가르치지 않는 어떤 뜻을 지지하려고 성경 구절들을 왜곡하지 마십시오. 만약 특정 성경책의 저자가 자신이 말하고 있는 것에 또다른 의미가 있다고 말하지 않는다면, 성경 구절 스스로 말하게 하십시오.

3. 적용하기 – ( )

하나님의 말씀에 대해서 아무리 많이 알고 있다 하더라도 배운 바를 적용하지 않는다면, 성경은 우리 삶에 결코 유익을 주지 않을 것입니다. 말씀을 듣기만 하고 행하지 않는 사람은 스스로를 속이는 것입니다(약 1:22–25). 적용이 그렇게 중요한 이유가 바로 이것입니다. 관찰과 해석은 하나님의 말씀을 '듣는 것'입니다. 적용을 통해서, 우리는 그리스도의 형상을 닮아갈 것입니다. 적용은 하나님의 말씀을 '행함'으로 진리를 받아들이는 것입니다. 이 과정이 바로 하나님께서 우리의 삶 속에서 역사하시게 해드리는 것입니다.

디모데후서 3:16–17은 말씀합니다: "모든 성경은 하나님의 감동으로 된 것으로 교훈과 책망과 바르게 함과 의로 교육하기에 유익하니 이는 하나님의 사람으로 온전하게 하며 모든 선한 일을 행할 능력을 갖추게 하려 함이라." 여기에 적용의 열쇠가 있습니다. 성경의 교훈과 책망과 바르게 함과 의로 교육함에 비추어 성경 말씀을 실제 삶에 적용하십시오.

1) ( )은 하나님의 말씀이 어떤 특정 주제에 대하여 가르치는 바입니다. 주제가 무엇이든지 간에 하나님의 가르침은 언제나 진리입니다. 그러므로 하나님이 어떤 주제에 대해서든지 성경에 말씀하신 것은 모두 절대적인 진리입니다.

적용의 첫 번째 단계는 문맥의 정확한 관찰과 올바른 해석을 통하여 하나님의 말씀이 어떤 특정 주제에 대해 말하고 있는 바를 찾아내는 것입니다. 일단 하나님의 말씀이 가르치는 바를 이해하면, 우리는 그때 하나님 앞에서 그 진리를 받아들이고 그에 따라 살아가야 할 의무를 집니다. 지금까지 믿은 거짓된 개념들과 가르침을 바로잡고 하나님의 말씀에 나타난 진리를 받아들일 때, 우리는 배운 바를 적용한 것입니다.

2) (　　　)은 하나님의 말씀과 일치되지 않는 우리의 생각과 행동 영역을 드러냅니다. 책망은 우리가 잘못 생각했던 부분이나 하나님께서 말씀하신 바를 우리가 행하지 않은 부분을 찾아내는 것입니다. 책망을 적용한다는 것은 내 생각이나 행동에 있어서 잘못된 부분을 인정하고 그 책망을 받아들이며 내가 하나님의 말씀에 동의하는 것입니다. 이것이 불신앙과 죄로부터 자유롭게 되는 방법입니다.

3) (　　　　　)은 적용의 다음 단계로서 종종 가장 어렵습니다. 많은 경우 우리는 무엇이 잘못인지 알지만, 그것을 바로잡기 위해 필요한 단계들을 밟기는 싫어합니다. 하나님께서는 잘못된 것을 교정하는 이 단계에서 아무런 도움이나 해답 없이 우리를 내버려 두시지 않습니다. 때때로 그 해답을 발견하기가 어려울 때도 있지만, 해답은 항상 그곳에 있습니다. 하나님 아버지를 기쁘시게 해드리기 원하는 자녀에게 하나님의 성령으로 그렇게 하는 법을 친히 보여주실 것입니다.

4) (　　　　　): 하나님의 말씀은 책망과 바르게 하기에 유익할 뿐 아니라 우리 삶을 위한 안내서로도 주신 것입니다. 우리가 하나님의 말씀을 연구하는데 시간을 드릴 때 하나님께서는 가르침, 명령, 약속, 권면, 경고, 성경 속의 인물과 삶을 통해서 우리를 무장시키십니다.

4. 신약 개관을 마치며

여러분, 수고하셨습니다. 구약부터 시작한 총 24주간의 성경탐구 여정이 이제 끝났습니다. 하지만 말씀을 배우는 일은 이제부터 본격적인 시작입니다. 성경을 읽어나가며 여러분이 배운 원리를 가지고 그것을 관찰하고 해석하며 적용하는 가운데 여러분의 삶은 하나님의 말씀으로 가득해 질 것입니다. 더 나아가 하나님의 말씀을 연구하는 여러분에게 하나님의 축복과 풍성한 은혜가 넘치기를 기원합니다.

정리해봅시다

1. 누구나 성경을 연구하는데 사용할 수 있는 귀납적 성경연구는 (　　　), (　　　), (　　　) 세 가지의 요소가 있습니다.

2. 관찰의 10단계를 적어보십시오.
   1) ....
   2) ....
   3) ....
   4) ....
   5) ....
   6) ....
   7) ....
   8) ....
   9) ....
   10) ....

3. 귀납적 성경연구의 세 가지 요소 중 관찰은 본문의 (　　　)을 파악하는 것입니다. 해석은 본문의 뜻, 즉 (　　　)를 찾아내는 것입니다. 적용은 우리의 삶을 향한 하나님의 (　　　)를 발견하고 실행하는 것입니다.

현대 이스라엘 개요

1. 일반적 개요

아시아, 아프리카, 유럽의 교차로에 있는 남북으로 좁고 긴 나라

- 위치: 중동, 지중해 동남방 연안
- 면적: 20,770평방km
- 국경: 1,006km
- 해안선: 273km
- 인구: 917만 4,520명(2023년)
- 수도: 예루살렘(Jerusalem)
- 공용어: 히브리어
- 종족 구성: 유대인 82%, 아랍계 비유대인 18%
- 종교: 유대교 74.2%, 이슬람교 17.8%, 기독교 2%, 기타 6%
- 독립: 1948. 5. 14.
- 헌법: 성문헌법이 없고 귀환법, 정부법 등의 실정법
- 정체: 공화제
- 정부형태: 내각책임제
- 대의기구: 단원제(정원: 120명, 임기 4년)
- 정당: 단일 이스라엘 동맹, 리쿠드당, 샤스당, 메레츠당, 이스라엘 바알리야당 등
- UN가입: 1949. 5. 11.
- 통화: New(Israeli) sheqel(NIS)
- 군사력: 육군 126,000명, 해군 19,500명, 공군 34,000명(2023년)

2. 국가 개요

지리적으로는 아시아, 아프리카, 유럽의 교차로에 있는 남북으로 좁고 긴 나라인 이스라엘은 우리나라의 충청도 정도의 면적입니다. B.C. 11세기에 이스라엘 왕국이 건설되어 후에 북이스라엘과 남유다로 분열되었고 양국 모두 앗시리아, 신 바빌로니아에게 멸망되어 '바빌론의 포로'로 고통받았습니다. B.C. 2세기 하스몬 독립 왕조가 번영을 누렸으나, A.D. 70년 로마에 의해 멸망하여 유대인의 2,000년에 걸친 세계 유랑의 역사

가 시작되었습니다. 19세기 후반에는 시오니즘(유대인이 그 근거지를 팔레스티나로 정하려고 하는 근세기 운동)을 일으켜 제1차 대전 후에 영국의 위임 통치령을 거쳐 1948년에 건국을 선언, 1998년에 독립 50주년을 맞이하였습니다.

3. 자연

이스라엘의 국토는 작으나 지형과 지세는 매우 다양합니다. 북쪽 끝에는 레바논 산맥에 이어지는 갈릴리 고원(高原)이 있는데 이 고원의 동쪽은 요르단 계곡, 서쪽은 지중해 연안 평야, 남쪽은 에스드렐론 평야의 세 방향으로 경사를 이룹니다. 에스드렐론 평야는 요르단 계곡에서 하이파 부근까지 이르며, 연강수량이 500mm에 달하는 상당히 비옥한 곡창지대를 이룹니다. 에스드렐론 평야의 남부는 160km에 이르기까지 평평한 1,000m대의 고원지대로서 요르단 지구대 서부로 나란히 뻗어 있습니다. 고원의 북부는 강수량도 적당하여 많은 계곡을 이루며, 그 가운데 몇몇은 에스드렐론 평야에는 미치지 못하나 비옥합니다.

최남단은 네게브 지방으로 이스라엘 면적의 1/2에 가까운 광대한 사막성 고원이며 동쪽은 요르단 계곡, 서쪽은 시나이 사막에 접해 있습니다. 하이파 남동쪽 카르멜 산은 지중해에 접근해 있고 여기에서 이집트 가자지구까지의 지중해 연안은 샤론 · 필리스디아 두 평야인데, 이 평야도 건조하며 사막성 토양이 계속되다가 시나이 사막으로 들어갑니다.

시리아령(領)에서 발원하는 요르단 강은 훌라호(湖)에서 갈릴리호로 흐르며, 다시 200km를 급강하하여 수심이 깊어지면서 사해(死海)로 흘러듭니다. 이 강은 배를 타고 갈 수는 없으나 수력 발전과 관개 용수로는 유용하여 수리를 둘러싸고 이스라엘과 아랍 여러 나라 사이에 분쟁의 원인이 되고 있습니다. 근래에는 칼리 등의 공업화에 이용되고 있습니다. 기후는 전형적인 지중해성 기후로 여름은 건조하고 기온이 30℃ 이상에 달하는 반면, 겨울에는 강수량도 많고 온화한 기후가 됩니다. 겨울철에 북쪽 고원에서는 강설을 볼 수 있으며 강수량은 북쪽의 800mm 이상에서 남쪽 네게브 지방의 100mm 이하까지 심한 차이가 있습니다. 남부가 건조해지는 까닭은 남서탁월풍이 시나이 사막이나 북아프리카 사막지대의 건조한 공기를 몰아오기 때문입니다.

4. 정치

이스라엘은 의원 내각제의 공화국으로 성문헌법은 없습니다. 최고 권력기관은 단원제 의회인 국회(Knesset)로, 120명의 의원들로 구성되고 임기는 4년입니다. 선거는 개인 후보자에게 투표하는 방식이 아닌 정당명부에 투표하여 전국적으로 집계하는 비례대표제(PR) 방식을 따르고 있으며, 그 결과 다수 정당이 난립하여 행정부는 연립내각으로 구성됩니다.

국가원수는 대통령으로 의회에서 선출되고 임기는 5년이지만, 그 권한은 외국사절의 신임장 제정과 법안의 서명 날인 등 절차적인 것에 한정되어 있습니다. 실질적 권한은 의회 다수파의 지도자인 총리가 가집니다. 내각은 총리 이하 각료 17인으로 구성됩니다. 사법부의 최고기관은 대법원이며, 대법관은 대통령이 임명합니다.

5. 종교

종교의 자유를 보장하여 모든 종교 공동체가 법에 따라 신앙생활을 유지할 수 있도록 하고 있습니다. 사회의 다수를 점하고 있는 유대인은 거의 유대교 신자이며, 아랍계 이스라엘인들은 주로 이슬람교를 믿고 있습니다(일부는 기독교 신자). 기독교, 드루즈교 등 소수 종교 신자들도 발견할 수 있습니다. 유대교, 기독교, 이슬람교 등은 종교의 안식일(휴일)이 다를 뿐만 아니라 일정한 구역에서 자신들의 계율에 따라 독특한 종교생활을 영위하고 있으므로 다양한 생활양식을 볼 수 있습니다.
유대교는 토요일, 이슬람교는 금요일이 각각 안식일(휴일)이고, 예루살렘은 종교적으로 큰 의미를 지니고 있는 바 유대교, 이슬람교, 기독교의 공동 성지로서 많은 종교인들의 경배 대상입니다.

편 저 자

김병삼 목사
미국 U.T.S(United Theological Seminary)
선교학 박사(D.Miss)
현) 분당 만나교회 담임목사

조기현
연세대 영문과 졸
총신대 신학대학원

기타 프리셉트 연구진

본서의 지도 및 기타 자료는 『프리셉트성경』의 자료를 이용하였습니다.

프리셉트 신약 개관(주교재)

편저자 | 김병삼, 조기현 및 프리셉트 편집팀

초판 1쇄 | 2002년 6월 29일
개정 1판 1쇄 | 2012년 4월 5일
개정 1판 6쇄 | 2024년 11월 28일

발행인 | 김경섭
국제총무 | 최복순
총무이사 | 김현욱
편집부 | 고유영(편집실장), 김성경, 박은실
인쇄 | 영진문원

발행처 | 묵상하는사람들
등록번호 | 108-82-61175
일부총판 | 생명의말씀사 Tel. (02) 3159-7979 Fax. 080-022-8585

주소 | 서울특별시 서초구 청룡마을길 8-1(신원동) (우) 06802
전화 | (02) 588-2218 팩스 | (02) 588-2268
홈페이지 | www.precept.or.kr
국민은행 431410-04-058116(프리셉트선교회)

값 9,000원
ISBN 978-89-8475-544-4 04230
978-89-8475-976-3 04230(세트)

독자 여러분의 의견을 기다립니다.
(02) 588-2218 / pmbook77@naver.com